青少年正能量提升书系

创造力

你就是你的整个世界

没有创造力，就没有进步

创造力是一个人正向发展的保证
创造力就是用来征服这个世界的

姜 越 ◎主编

CNIJIUSHI NIDE ZHENGGE SHIJIE
REATIVITY

中央编译出版社
Central Compilation & Translation Press

图书在版编目（CIP）数据

创造力：你就是你的整个世界 / 姜越 主编. —北京：
中央编译出版社，2013.4
（青少年正能量提升书系）
ISBN 978-7-5117-1641-5

Ⅰ. ①创…

Ⅱ. ①姜…

Ⅲ. ①青少年—创造力—能力培养

Ⅳ. ①G305

中国版本图书馆CIP数据核字（2013）第 068510 号

创造力：你就是你的整个世界

出 版 人：	刘明清
出版统筹：	谭　洁
责任编辑：	邓永标
责任印制：	尹　珺
出版发行：	中央编译出版社
地　　址：	北京西城区车公庄大街乙 5 号鸿儒大厦 B 座（100044）
电　　话：	（010）52612345（总编室）　　（010）52612363（编辑室）
	（010）66161011（团购部）　　（010）52612332（网络营销部）
	（010）66130345（发行部）　　（010）66509618（读者服务部）
h t t p：	www.cctpbook.com
经　　销：	全国新华书店
印　　刷：	北京柯蓝博泰印务有限公司
开　　本：	710毫米×1000毫米　1/16
字　　数：	210千字
印　　张：	16.625
版　　次：	2013年6月第1版第1次印刷
定　　价：	33.00元

本社常年法律顾问：北京市吴栾赵阎律师事务所律师　闫军　梁勤
凡有印装质量问题，本社负责调换，电话：（010）66509618

前　言

卡尔·艾里曾经说过："有创造性的人，他们希望能够无所不知。他想知道一切事物，因为他们永远不知道什么时候这些想法会汇集成新的思路，也许6分钟、6个月或者6年，但他们相信一定会实现。"

毫无疑问，创造力是最重要的人力资源。没有创造力，就没有进步，我们就会永远重复同样的模式。创造力是人类能力中层次最高的一种，它是一种对现状的突破力，是一种不走寻常路的魄力，是一种勇于超越的能力。

如今是一个优胜劣汰、竞争空前激烈的社会，创造力是制约个人、企业、社会生存和发展诸多因素中的核心因素，是促进组织或个人成功的最有效工具。个人能否在社会中出类拔萃，企业能否在市场洪流中脱颖而出，社会能否在历史浪潮中阔步前进，从根本上来讲取决于有没有创造力，以及创造力的高低。虽然创造力的高低在不同的环境下形式和内容各不相同，但对个人、社会和国家而言，创造力越高，所拥有的竞争力就越强，所占有的优势就越明显。

在每个人的身上蕴涵有无限的创造力，我们需要把它们解放和开拓出来。当你在进行创造的时候，要尽量跳出对一件事情的主观或客观因素的围圄，就好像你之前对这个专业毫无概念一样，不要担心这样会影响你的知识的发挥。实际上，你的创造力的高低和知识的多少并无直接的关系，知识只是你创造的工具而已。

能够使自己的生命闪光的人，绝不止于模仿，而是善于创造；不是由于追随，而是由于引导。你应当立志做一个有主张的人、一个有思想的人、一个时刻追求改进的人、一个创新的人，这样的人，无论何时都可以立足于社会。

在进行创造的过程中，发现问题是首要的，你只有能够提出问题，善于发现别人无法发现或者总是忽略的问题，才有可能进一步进行创造。有什么样的思考方式，就会有什么样的命运。许多天才人物的事迹告诉我们，不用担心对技能的掌握会影响我们创造能力的发挥，正好相反，掌握创造技能并不是创造本身，它只是开始。

本书以浅显易懂的语言探讨了创造力的内涵和现实意义，阐释了创造力的复杂机制，分析了影响创造力的因素，并且提供了发掘、提高创造力的有效方法和途径，帮助青少年突破思维定式，开阔思路，激发潜能，塑造创新意识，培养良好的创新习惯和思维，创造性地解决各种问题，拓展事业和生活空间，收获成功的硕果。

本书的编写宗旨在于给青少年提供一个发展创造力的契机，通过我们的努力，打破束缚创造性人格发展的框框，接通创造思维之源，点亮创造之灯，释放青少年内在的创造激情，让创造能力迸发出来，用创造带来人生的升华。

目 录

前言 ··· 001

第一章　超凡创造力，你也可以拥有

创造是人类美好的行为，是高尚的劳动。创造从何而来？是神恩赐的，还是少数天才的功劳？经过漫长的历史发展，人类才回身认识自己，发现创造既不是神的旨意，也不是少数天才的独白，人人都有创造力，人人都可以进行创造。

创造力的诠释 ·· 002
创造改变世界 ·· 004
创造性思维让你与众不同 ·· 006
开发科学创造性思维 ·· 010
激发学习动机，培养创造性人格 ································ 012
用好奇心激发创新动力 ··· 015

了解你的创造力···018
创造潜力···023

第二章　想象，为创造力插上翅膀

在人认识事物的过程中，往往会充分发挥自己的想象力。想象力如一对翅膀，可以带人进入一种非凡的境地，它可以超越于人直接感受的地方……在很多时候，想象都会给思考的人带来启迪，最终解决问题。所以，在任何情况下，都要充分发挥自己的想象力，只有这样，才能取得进步。

想象是一种形象思维···028
想象是你腾飞的翅膀···030
想象力是灵感与创造的源泉···035
想象力是科学研究的动力···037
想象成就卓越···039
依靠想象获得创意···041
先想象后创造···045
做个有想象力的快乐天才···047
合理想象定位人生···051
自我意象培养···053
趣味故事，感悟卓越想象力···056

第三章 观察，为创造力增添双眼

观察力对于每个人来说都十分重要，敏锐的观察力可以使我们避免受表面现象的迷惑，而真正地看到事物的本质和变化的趋势。观察力是创造力的基础，只有仔细观察才能发现事物之间、知识之间细微的差别，发现别人不易发现或容易忽略的信息，从而找到新发明，产生新思想，创造新事物。

观察是创造的前提……………………………………………064
观察是最基本的素质…………………………………………066
观察力是创新的源泉…………………………………………069
揭开观察力的面纱……………………………………………071
卓越的观察力铸就成功………………………………………073
观察要不断积累与重复………………………………………076
亲身感受观察的力量…………………………………………080
学会运用推理观察……………………………………………082
学会运用创造性观察…………………………………………086

第四章 参悟发明，解读生命的密码

发明，也许是现代人类语言中最奇妙的字眼之一。发明是人类进步的突破口，发明使人类从愚昧走向了文明。发明并不神秘，人人都可以成为发明家。参悟发明，解读生命的密码，让你从中收获不同的创造灵感与心得。

见异思迁，种豆得瓜…………………………………………092
先钻透一块"薄板"……………………………………………093
倾听幸运的声音………………………………………………095

铅笔成长史……………………………………………………096
正确导向，引领创造力…………………………………………099
找到发明创造的领路人…………………………………………102
上帝创造了何等先进的奇迹……………………………………105
告诉自己"我能做到"……………………………………………108

第五章 创意，翻转命运的奇思

赫家蒂把创意视为人类智慧的精髓。人类之所以能够跳跃式进化，就是因为具有创造性。因为人可以思考，将一些复杂的思绪进行整理、规划，然后得出不同的结论，进而产生各种各样的创意。创意是解放思想，打破常规，另辟蹊径，化腐朽为神奇的表现，可以让人们收获甜美的果实。

有创意，才闪亮……………………………………………………114
用创意思维激发创造力…………………………………………117
活出富有创意的人生……………………………………………120
利用创意，为自己服务…………………………………………124
脑袋需要勤洗与更新……………………………………………125
劳力士的成功……………………………………………………128
书中自有黄金屋…………………………………………………130
中规中矩难出创意………………………………………………132

第六章 灵机一动，触发创造的神经

瞬间感觉，激发创造的奇思；灵机一动，触发创造的神经。人人都有创造力，创造性不仅仅只是限于少数天才，每个人都有潜在的创造力。创造力的运用、自由的创造活动，是人类进步的阶梯，人在创造中能够找到自己真正的幸福。

灵感，来自爆发的力量……………………………………… 136
成功往往在于灵机一动……………………………………… 140
善于激发你的灵感…………………………………………… 142
顿悟是创造力的加速反应…………………………………… 145
与灵感零距离………………………………………………… 147
学会用设想赚钱……………………………………………… 149
倒过来的灵感………………………………………………… 151
直觉是创造力的航标………………………………………… 153
直觉其实是创造潜力的积累………………………………… 156

第七章 自我突破，跨越创造力的障碍

纵观社会，一些新事物总是掌握在少数人手里，是他们太聪明吗？其实不是，因为他们懂得跨越自己的障碍。每个人身上都蕴涵着无限的创造力，我们需要把它们解放和开拓出来。跨越创造力的障碍，扫清一些阻碍创造力的因素，你就能成为一个创造天才！

走出逻辑思维的樊篱………………………………………… 162
清除"思考僵化"的存货…………………………………… 166
突破"墨守成规"的习惯…………………………………… 169

突破"创造"恐惧·················172

把自傲踩在脚下·················174

打破权威的限制·················177

敢于突破自我···················181

冲破"一分钟障碍"···············185

第八章　右脑改革，让创造力左右开弓

在生活中每个人常常使用自己的左脑，把潜力无穷的右脑搁浅一旁，殊不知这是我们人类自己最浪费的资源。右脑所特有的想象力、创造力、超高速记忆能力和灵感等是人类巨大的资源宝库。要想培养真正的创造天才，就得要把拥有巨大潜能而又处于沉睡状态的右脑开发和利用起来！

了解你的右脑···················192

左撇子的天赋：知觉、创意、敏捷·······196

来自心中的影像·················199

左侧肢体小体操·················200

舞动你的手指···················202

"双手互搏"练大脑···············205

十点五十五分训练法···············207

为右脑睁开的眼睛···············209

第九章 创新方法，让创造力井喷

创造性思维是发明的基础，要想使自己变得更聪明，需要更好地运用创造性思维，其中，通过学习发明创造的技巧和方法是让思维更有创造性的有效途径。这些从发明创造的实践中总结出来的规则、技巧和方法，可以帮助我们克服心理障碍、突破思维定式，激活想象、联想和直觉等非逻辑思维，促成创造性思维的产生，从而提升创造力。

方法一：头脑风暴法·················· 212

方法二：焦点法······················ 214

方法三：图片联想法·················· 217

方法四：亲身类比法·················· 219

方法五：感官利用法·················· 222

方法六：移植法······················ 228

方法七：外推法······················ 231

方法八：5W2H法···················· 234

方法九：替代法······················ 238

方法十：省略法······················ 241

方法十一：组合法···················· 244

第一章 超凡创造力,你也可以拥有

创造是人类美好的行为,是高尚的劳动。创造从何而来?是神恩赐的,还是少数天才的功劳?经过漫长的历史发展,人类才回身认识自己,发现创造既不是神的旨意,也不是少数天才的独白,人人都有创造力,人人都可以进行创造。

创造力的诠释

有专家认为人在青少年时应该注意创造力的三元素：思考的流畅性、独创性、变通性。

流畅性指创造性想法的数量，专家们认为"脑力激荡"是发展流畅性的好方法。通常是针对某个特定问题，尽可能提出最多的解决方法。在解决过程中强调不批判、不限制的态度。

独创性指不流于一般世俗的想法，此方法未必是"正确的"反应，训练独创性时可以采取的方式：提出一系列的问题，鼓励自己提出既合理又不寻常的独特答案。

变通性是指能从容穿梭于不同类别的情境，其训练活动常是让青少年思考改善事物结果或历程的途径。

培养创造力是创造教育的中心目标。所谓创造力就是人的大脑对客观现实的一种心理反映方式。而客观现实世界是具有整体性、复杂性、统一性的物质世界。正因为物质世界具有这些特性才使得人类具有了一些创造力。同时，创造力也是受很多因素影响的，如智力、技能、动机、意志、情感……另外，创造力的结构主要是由三部分组成的：创造性技能、创造性思维、创造性人格。

1. 创造性技能

所谓创造性技能就是一种动作能力，这种能力主要反映创造主体

行为技巧。它的形成受创造智能的控制和约束，主管人类的创造性活动。另外，创造性技能的形成需要很多的能力，如创造主体的一般工作能力、动手能力或操作能力，熟练掌握和运用创造技法的能力，以论文写作为主

的创造成果的表达能力、以艺术创作为主的表现能力和以创造设想物化为模型或产品为主的物化能力。同时，创造性技能也不是天生的，它需要人的后天努力和训练获得。

2. 创造性思维

创造性思维是创造力的核心，也是创造教育要着力培养的最可贵的思维品质。正如教育学家吉尔·福特所说："正是在发散思维中我们看到的创造性才具有最明显的标志。"也有专家则干脆以发散思维、测验作为进行创造力或创造思维测验的主要方法。

在人类进行创造性思维的过程中往往无法意识到解决问题的全过程。然而，在人们进行思维的过程中，最初的阶段往往就是人们发现解决问题的办法，而此时人往往是无意识的，即使有所反应，往往也是依靠直觉，所以，创造性思维主要是直觉想象思维，其主要的表现形式是"顿悟"或"豁然开朗"。

3. 创造性人格

创造力的形成与人的心理因素密不可分。另外，其与人的智力因素的关系也是非常近的。智力因素主要包括：感知、记忆、思维、想象……主要表现在敏锐的观察力、高度的创造想象……通过观察，我们可以发现，发明家在发明创造的时候必然需要想象和思维参与其中，否则是难以有新的产品出现的。另外，心理特征也是

创造力形成的必不可少的因素。

另外,在行动和毅力方面,那些富有创造力的人与平常人也是非常不同的。富有创造力的人往往在普通人想象的时候,他已经付诸实践了,而当其他人失败放弃的时候,他还会重头再来,即使再失败,他也会继续尝试,直到成功。事实证明,只有不甘于失败的人才可能有新的发现和发明创造。

创造改变世界

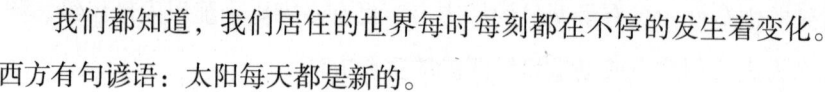

我们都知道,我们居住的世界每时每刻都在不停的发生着变化。西方有句谚语:太阳每天都是新的。

有人说,人类的文明进步是由科学带来的。而无论科学还是艺术,其核心就是"创造"两个字。科学精神首先是一种像以柏拉图为代表的古希腊人探求永恒事物真相的精神;其次是笛卡儿的理性主义哲学成就为代表的怀疑精神,也就是理性的精神(这里怀疑只是方法,并不是目的);再次科学精神也是一种求知的意志力,正是因为这种坚韧的意志,人类才能最终战胜强大自然界的一次又一次严酷挑战,并最终顽强地生存下来。

科学精神的核心,正是思维的创新和行动的创新。这一切的一切,归根结底就是创造力。

古希腊的理性主义分为理论理性、实践理性和诗意理性,其中诗意理性就是创造性的。理论理性是通过冷静地观察,用概念构造将所看

所得系统地表达出来；实践理性是行动的意志，是关于伦理的、政治的以及公共事物的理论；诗意理性是关于创造力的，是文学的、诗歌的以及包括所有艺术在内的理论。

我们今天所提倡的创造精神的培养，既可以继承古希腊和其他时代的思想传统，需要从一个"爱智慧"的源头来寻找思想的资源，又需要与当今时代的新特点相结合。当今的世界变化日益复杂，通过发现新方法和不同的方案或创造新事物来解决问题的能力正变得日趋重要。社会需要的已不再只是知识的复制，而是新颖的构想、创造力和新的思维方式。

现代科学中，思维与创造都成为跨学科的综合研究对象，研究创造心理已经成为众多学科的纽带和目的。在各个领域中都需要创造型的开拓人才。比如，在人才学中培养创造型人才，在教育学中发展创造性教育，在电脑研究中模仿人工智能，等等。

发明创造是人类最浪漫的举动之一。

中国拥有被全世界人交口称赞的创造传统，中华民族曾经有无数璀璨光辉的创造发明：火药、造纸、指南针、造纸术、活字印刷等，无一不对人类的文明做出巨大贡献。这些发明创造被阿拉伯和欧洲复制并传播，直接作用于欧洲经济文化的繁荣。由此，欧洲不断培养和推崇这种创造精神，并不断衍生了许多新的发明，如：纺织机、蒸汽机、火车等。这种创造精神漂洋过海来到了美洲大陆，使得莱特兄弟发明了飞机；亨利·福特发明了流水装配生产线；冯·诺伊曼为代表的科学家们发明的计算机更具有划时代的伟大意义……如果没有这些，我们还和几十万年前的野人一样群居打猎、茹毛饮血。创造与发明使我们的世界日新月异，创造力缔造了世界的文明。

今天的每一样传统在很多年前就是一种创新的想法。那么，如何在传统与创造性思维之间寻求一个平衡点呢？要找到这个平衡点，第一就是要了解到新思想一般来说并没有很大价值，除非把这些思想雕琢成解决方案。新思想和解决方案之间的区别在于，新思想通常会有很多缺陷，而解决方案则具有很多的好处和相对较少的不利之处，也更加有现实意义。第二就是要认识到传统之所以能够持续如此长的时间，就是因为这些传统包含了很多优越性，"存在的就是合理的"，即使所有的优越性意识不容易被看到。在某种程度上，当一个新想法变得实用了，而且没有重大的缺陷时，它就会被看成是一个解决方案。此后它还会被一再地复制、改进、修订，以致它变成了一项发明或革新。这种解决方案再继续经过很长时间的使用之后，就变成了一种传统。例如，现在的所有计数方法都离不开"0"这个数字，现代社会的人们对坐火车和开汽车已经习以为常，还有很多人的工作要求他不得不飞来飞去，航行的轮船上都装有方向罗盘……无论是文化还是科技，其后都有着一个强大的推动器，那就是人类的创造力。

创造性思维让你与众不同

在人类探索世界的本质和规律的过程中必须要使用创造性思维，只有这样，才会有新的认识和发现。由于这个世界事物种类繁多，所以在对不同的事物进行分析的时候也需要不同的逻辑思维，同时思维过程也是非常不同的。总体而言，创造性思维主要有四种基本形式：思维的原创造和再创造、发现式创造和发明式创造。

从广义上来说，创造性思维是指在发明创造过程中发挥作用的一切形式的思维活动。这种创造性思维的形式范围比较广，既包括直接提

出新设想或新的解决办法的形式,也包括并非直接参与创造的思维形式。总之,凡是在发明过程中参与的思维,无论是否有用,都算作是创造性思维。

而从狭义上来说,创造性思维专指发明创造过程中提出创新思想的思维活动形式,它强调的是"创新"。所以这种思维活动又称为"创造思维"。创造思维包括两方面:再造性思维和创造性思维。另外,从某个方面来说,创造思维属于创造活动的智能机构,在人类的发明创造活动中起着非常重要的作用。

再造性思维缺乏创造性,它主要的表现形式是以已有经验和知识为基础,通过言语逻辑来表现。再造性活动所起作用的阶段主要是"首"和"尾"。所谓"首"就是人们进行创造性活动的起始阶段,此时创造主体试图直接运用他所熟悉的基于原有经验和知识的方式,而"尾"就是创造主体在最后阶段通过表述和验证的方式。

创造性思维作为能力,包括想象力、直觉能力、洞察能力、预测能力和捕捉机遇的能力等,其中最主要的是直觉能力和想象力。概括起来,创造性思维具有新颖性和主动性两个根本特点。创造性思维的主要特征表现为:

1. 独创性

创造性思维要求思维独特,不落俗套,独树一帜。创造性思维要求思维能打破常规,不受条条框框的束缚。创造性思维要求能克服思维定式,克服思维的僵硬性,做到新颖和独特。创造性思维还要求人不能固执己见,要广泛采纳意见和想法,不要担心过于背离常情。总之,创造性思维就是要站在前所未有的新角度,用新观点去认识事物、反映事物,对事物表现出超乎寻常的见解。

2. 变通性

变通性要求人的思维不囿于一种方式,能够根据情况变化而灵活多变,从事物的不同侧面、不同角度、多方面地考虑问题,不钻死胡同。克服思维的单一性，善于从多种可能的方案中选择最佳方案来解决问题。

3. 发散性

发散思维是创造性思维的核心。发散性指的是对一个问题尽量提出多种可能性，从一点向四周发散，寻找多种答案。回形针有一千多种用途，你能想到吗？比如，你可以做成无数的英文字母及词句；可以把它想象成各种棍状武器；可以把它跟各种不同的金属化合，生成无数种化合物……

4. 迁移性

思维的迁移就是从旧有的经验里提炼出一般意义上的经验，并把它应用在新的领域和任务中。实际上就是一种移植、一种替代。比如，把代数的思维应用到几何学中，就产生了解析几何；用物理学中的力学可以指导体育锻炼，这叫作"运动力学"……在科学技术史上，有很多创造性的跨学科应用成果的例子，借鉴其他相关和不相关学科的研究成果，可以对自己学科的研究提供新思路，从而发现新问题、新解法。例如，巴斯德发现的"腐烂是细菌造成的"这一论断被英国医生里斯特应用在医学上，创造了外科手术的消毒法。另外，还有利用动物生理的模仿制成的飞机、鹰眼、雷达等。许多边缘学科都需要迁移，这是一项重要的创造性思维方法。

5. 流畅性

思考问题和解决问题的时候，要"由此及彼，由表及里"，这句话讲的是一种思维的贯通性和流畅性。具体是指，发现一种现象后，展开纵深研究，挖掘新东西；或者看到一种现象立刻想到它的反面；或者看到一种现象后立刻联想到与之相关的现象和事物。这种思维的锻炼可以使大脑的网络越来越复杂，越来越四通八达，神经网络的连接增多，这样解决问题的可能性就大大增加。

6. 逆向性

思考问题不能一条路走到黑，误入歧途要及时回头，换个思路。逆向思考方式是指遇到问题不能仅从正面想，还要善于灵活变换思考方式，从反面想，把正面解决不了的问题反面解决。比如，在诸葛亮草船借箭的问题上，诸葛亮如果一味地闷头造箭，10天无论如何也造不出20万支，可是他从"不造"上做文章。其实"不造"与"借"是一个问题的两面，最终都能达到得到足够的箭打赢仗的目的。如果一味从正面想，拼命加快造箭速度，结果也只是徒劳无功罢了。

7. 重组性

创造是一种在原有知识结构和材料基础上的重新组合，这其实需要一种高级的、巧妙的排列组合的能力。要善于吸取前人的智慧和经验，经过巧妙组合，形成新的产品。可以把事物重组变序，以求产生新事物、新成果。也可以把几个物品组合多用，比如，橡皮安在铅笔上，手表装在笔筒上，给电脑装视卡，把"电视"组合到电脑上，等等。

8. 质疑性

创造性思维最根本的就是要求人们要勇于对现有的结论提出质疑。如果一味顺从现实，固执守旧，只会停滞不前。如果没有人对女人裹小脚的现象质疑，现代的女性怎么参与到体育竞技比赛中来呢？不触及传统结论，就不会产生新理论。如果不否定牛顿的传统力学，爱因斯坦的相对论怎么会出现？如果不怀疑地球中心论，伽利略的日心说如何能发现？如果愚昧遵从宗教教义，达尔文的进化论又如何能发扬光大？几乎所有的科学发明和创造都建立在怀疑和否定前人理论的基础上。科学只能无限趋近真理，永远不能说这就是终点！有勇气打破传统理论，才能设立新的理论，世界才能发展，人类才能进步。创造性思维首先要打破的，就是人云亦云。

开发科学创造性思维

科学创造性思维在人类现实的发明活动中起着非常重要的作用，这种思维活动具有新奇性、独创性、目的性和价值性。通过这种思维活动而创造的思维产品必定是新奇的。当然，新奇并不是绝对性的，因为对于不同的人而言，有着不同的感受，如大人觉得新奇的东西，小孩儿不一定这样觉得；善于学习的人即使认为新奇，或许会遭到研究人员的反对……另外，创造思维下生产的产品未必会有一定的价值。

在科学研究中，人们一再强调创造性思维的使用。所谓创造性思维，其实就是一种思维活动，主要是对新的科学知识的探求和创造。在这种思维的指导下，人们必定能开拓人类科学认识新领域、开创人类科学认识新成果。与此同时，在人们进行创造性思维的过程中也会伴随着很多的思维活动，如提出新的科学问题、设计新的科学实验、发明新的科学技术、形成新的科学概念、创建新的科学理论、启用新的科学方法、做出新的科学解释……在人类的科学界，正是由于很多人善于使用创造性思维，才不断推动人类科学的发展，如牛顿发现万有引力定律，哥白尼发现天体运动规律，爱因斯坦创建相对论，德布罗意提出物质波假说，门捷列夫构想化学元素周期表，达尔文创立生物进化论……这些都是人类创造性思维运用的结果。

科学创造性思维主要包括两方面的内容：一是重新安排、组合已有的科学知识，创造出新的知识和形象；二是突破已有的科学知识，提出崭新的见解、设想、思路、观点等。

对已有科学知识的综合是一种科学创造性思维活动，如牛顿建立万有引力的学说是科学史上划时代的创造，而牛顿创建这一学说正是综合了以前科学家关于行星绕日、月球绕地、物体落地等许多各不相干的知识，概括成为万有引力定律，从而统一地解释了从天上到地下的一切宏观低速机械运动。麦克斯韦电磁理论的创立也是在综合库仑定律、高斯定理、环路定理、安培定律和法拉第电磁感应定律的基础上，提出了新概念，创立了新的数学形式的结果。门捷列夫化学元素周期表也是一种划时代的成就，它对原子结构理论的建立和对于化学元素本质的理解，起了决定性的作用，其建立过程正是门捷列夫在分别地考察了所有已发现的化学元素及其特性的基础上，进行了比较、分类，终于对所有已知的化学元素进行了综合，从整体上把握了化学元素以及各种化学元素之间的相互关系。综合实现了由个别向一般的转化，使原有的对客观世界的认识上升为更深刻、更具有普遍意义的认识。

无论是在学习中还是在科学研究中，很多参与者往往会从新的角度对原有的事物进行重新思考，从而产生丰富的联想，解决旧问题，提出新的问题，最终推动科学的不断发展。

自然科学不同分支间的概念和方法的移植也是一种科学创造性思维活动。如将力学中重力势能的概念移植到电磁学中，提出电势能和电势的概念；将物理学中理想模型的方法移植到化学、生物学中；将电子线路中反馈的概念引入控制论；将物理学中熵的概念引入生物学和信息论；1953年，英国生物学家克里克和美国生物学家沃森，使用X射线，对各种核酸进行分析，提出了遗传基因DNA即脱氧核糖核酸分子的结构模型，把生物学推进到一个崭新的阶段。据统计，因移植X射线方法促进重大发现、发明而获得诺贝尔奖的至少有6人。

类比和联想也是一种重新安排已有知识，从而创造新的科学知识的创造性思维方法。如麦克斯韦在汤姆逊的启发下，对法拉第力线、力管进行了深入的研究，他运用类比的方法，把力线看作不可压缩体的流线，认为这种流线是一种设想的东西，而不是实际的东西，由此他把力线、力管与流体力学的理论作比较，如把正、负电荷比作流体的源和汇，电力线比作流线，电场强度比作流速等，引入一种新的矢量函数来描述电磁场，从而把法拉第的科学思想翻译成数学语言。

  提出崭新的见解、设想、思路和观点，突破已有的科学知识，提出科学中尚未有过的概念和规律，是科学创造性思维的另一内容，如量子论的创建。普朗克在1900年研究黑体辐射时，首先发现了自然现象中的不连续的量子性质，创立了物质辐射（或吸收）的能量只能是某一最小单位（能量量子）的整数倍的假说。原来经典物理学在对宏观物体运动的考察中把能量、动量矩、电磁场等物理量看成是连续变化的，而量子论一反常规，认为自然界普遍存在量子现象，只是在宏观运动中量子化不发生显著影响，而在微观运动中量子效应不能忽略。又如，狭义相对论的创立，对时空概念和时空与物质的关系，提出了一个与经典理论完全不同的观点，而且指出经典理论仅是这种新理论的一个特殊情况，改变了人们分析问题和解决问题的方法以及思维方法。这些事例都说明，从崭新的思路出发，突破已有的理论，提出传统科学根本无法理解的全新理论是科学创造性思维的一个重要方面。

激发学习动机，培养创造性人格

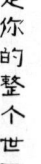

  科学学习动机具有唤起、定向、选择、强化等功能，影响青少年

科学学习中的观察、记忆、思维、想象、问题解决等心理过程,同时,也影响着青少年科学创造力的发展。因此,要激发我们学习科学的动机。首先,自然科学是观察、实验和思维相结合的科学,它以其有趣的科学问题、丰富的科学现象、精美的科学实验、全面而辩证的思维,使我们产生了了解其奥秘的欲望。

在人类活动中,如果想有所创造和突破,那么必须要克服已有观念、方法与理论的束缚,只有这样,才有可能成为创造性人才。一般而言,创造性人才具有如下特点:有高度的自觉性和独立性;有旺盛的求知欲;有强烈的好奇心;知识面广,善于观察;工作中讲求理性、准确性与严格性;有丰富的想象力、敏锐的直觉,喜好抽象思维,对智力活动与游戏有广泛兴趣;富有幽默感,表现出卓越的文艺天赋;意志品质出众,能排除外界干扰,长时间地专注于某个感兴趣的问题之中……所以,在日常的生活中,我们一定要注意这些素养的培养,只有做到这些,我们才可能成为一个富有创造性的人。在此基础上,可以不断探索我们生活的世界,为科学和社会的发展贡献自己的一份力量。

在培养创造力的时候,一定注意培养动手能力是非常重要的。所谓动手能力就是人可以通过双手来解决问题的能力。其主要包括实践能力和操作能力。古代人经常说"心灵手巧",将手巧跟思维联系在了一起,或许这在很多人看来不具有科学性,但心理学研究已经证明,二者之间的确存在着密切的关系。

多种现代生理心理学研究资料表明,手与思维有着密切的联系。学过生物的人都应该知道,在人的大脑皮质中,人体的各个部位都有对应的区域,然而,这个区域的大小与身体这个部位的大小没有必然的联系。经过生物研究表明,人的大脑中支配手部动作的神经细胞比负责躯干的神经细胞要多很多。而大拇指在大脑中所占的区域面积要比大腿的多很多。所以,相比较而言,大拇指比大腿更为灵活。所以,在婴儿出生之后,很多人就是通过观察其手指的灵活性来推断其智力水平的。

有位日本医学博士对手与脑的关系做了多年研究后指出："如果想培养出智力开阔、头脑聪明的孩子,那就必须让孩子锻炼手指的活动能力。"由此可见,大脑发育对手灵巧的重要性,而手部动作的灵敏又会反过来促进大脑各个区域的发育。这就是人们常说的"眼过百遍,不如手做一遍"的道理。

动手不仅影响到智力的发展,与此同时还与创造力密切相关。发明大王爱迪生还是一个卖报童的时候,就经常"泡"在自己的实验室里动手做实验。他的全部发明都不是凭空"想"出来的,而是动手试出来的。

动脑不见得动手,但动手一定得动脑,动手能力实际上是手脑协同的工作。许多形式的创造需要动手能力,科学实验需要动手,技术发明需要动手,绘画、雕塑等艺术创作也需要动手。

人类历史上的许多伟大发明都是在动手实践过程中创造出来的,科技发展史上靠动手而登上科学技术巅峰者可以说是不胜枚举。

大科学家法拉第原是个书籍装订工,后来给当时的大科学家戴维做实验助手,靠着坚韧不拔的毅力,创造了远超过戴维的伟大成就,我们今天生产生活用的电,都受益于法拉第的发明。而法拉第当年为了实现"磁生电"的目标,做了整整十年的实验。

举世闻名的诺贝尔同样是一个靠做实验取得成功的榜样。他从小跟随父亲研制各种炸药,并把研制炸药作为毕生的追求。在一次意外的爆炸中,诺贝尔的实验室被炸毁,五人被炸死,其中有他的弟弟,父亲也受了重伤。但诺贝尔依然坚持他的试验,经过数年的努力,数百次的失败,终于获得了成功。

与西方发达国家的儿童相比,我国儿童的动手能力始终差了一大截。因此对父母来讲,应该学会正确引导和鼓励孩子积极动手。动手能力绝不是一种天赋,孩子们的潜质必须在正确引导下和良好的环境中才能得到发挥和展现。如果父母对孩子一味溺爱,样样包办代做,

什么都不让孩子动手,唯恐出事,唯恐委屈了孩子,剥夺了孩子独立做事的权利。例如孩子上学了,父母替孩子背书包,甚至还有帮孩子做作业的父母。其实,替孩子做太多他们自己能做的事情,会使孩子失去实践和锻炼机会。一切由父母包办代替,孩子的动手能力自然也就很差了。

让孩子"自己的事情自己做",是让孩子自立和积极动手的最基本要求。如果一个人生活上事事依赖别人,那么不论有多大学问、多高本领,都不会有什么创造。因此,作为父母,要切实让孩子学会自我服务的劳动小技能和勤于动手的良好习惯。

实践证明,培养动手能力,有利于提高青少年的综合素质,促使他们的各种能力得到锻炼。因此为了我们的未来,我们一定要学会动手,不断地做些发明和创造。

用好奇心激发创新动力

富有创新精神的人往往都有着强烈的好奇心,因为对于创新来讲,好奇心是至关重要的。许多创造和发明不是事先能够预料的,它们往往是在创作者好奇心的推动下,经过创造性思维才得出来的。对于创造者来说,好奇心对于形成创新的动机有着重要的作用,它是兴趣的先导,是人们积极探求新奇事物的倾向,是人类认识世界的动力之一。有创造力的人都有一个共同的特征,那就是有强烈的好奇心。一个人只有对客观世界抱有强烈的好奇心,希望去了解它,然后才有可能发现可以改变的方面，而这正是创造的基础。

善于发现者必然具有强烈的好奇心理，这是许多看似偶然的发现所隐含的一种必然的东西。如果缺乏好奇心，必然对外界的信息反应迟钝，对诸多有意义的现象熟视无睹，对问题无动于衷，就更别说创造与发明了。爱因斯坦有一句名言："我并没有什么特殊的才能，我只不过是喜欢寻根问底地追究问题罢了。"这句话一语道破了创新和发现的真谛：好奇心理、问题意识以及锲而不舍的探求，是科学研究获得成功的前提。

另外，创造的过程往往伴随着很多的困难与挫折，如果没有强烈的好奇心驱动着，就不会有持续不断的动力。具备了强烈的好奇心，就会努力去了解现实中的许多东西，掌握更多的创造材料。可以说，好奇心越强，掌握的现实材料就越多，就越有利于创造出新的成果。

我们都知道女科学家居里夫人在物理学的放射性领域做出的突出贡献。大家可能只了解她在哪些方面取得了成就，但不知道她在平时是如何工作的。平日里，居里夫人眉清目秀，非常爱干净，但殊不知，她在工作的时候是穿着沾满灰尘和污渍的工作服，在极其简陋的棚屋里，从冶锅中去寻找东西。她对万事万物都充满了好奇心，她想知道沥青铀矿里有什么东西，为什么它能产生放射性。正是这种好奇心使得她四年如一日地工作，经过不懈努力，最终发现并提炼出了镭和钋，引导放射性时代到来。

对于我们来讲，每一个人都有好奇心，这是我们的生理和智慧发展的标志。古今中外有不少伟人就因幼年好奇心强，长大后做出了卓越的贡献。

怀尔斯是英国著名的数学家，他杰出成就之一就是证明了法国数学家费马提出的360多年来没有人能证明的"费马大定理"。我们知道商高定理，就是直角三角形斜边的平方等于两边平方的和。但是，法国的数学家费马提出过这样一个疑问，平方成立，那么3次方成立不成立，4次方成立不成立……他认为，在n是大于2的自然数时没有正整数解。这个问题引起好多人去证明，但360多年来，费马问题有几千种"证明"，却没有一种经得起推敲，成了数学上的一道难题。怀尔斯在10岁的时候，老师教他商高定理，顺便跟他讲了"费马大定理"，并说这是一个世界数学难题。没想到，这个10岁小孩就对这个问题产生了强烈的好奇心和巨大的兴趣，从此以后非常喜欢学数学，研究数学，成了一个著名的数学家，并最终解决了"费马大定理"的问题。

美国的大发明家爱迪生在小时候，跟着母鸡学孵蛋，爸爸问他："你这是在做什么啊？"小爱迪生没有回答爸爸的话，反而纳闷地问："为什么母鸡能孵出小鸡来，而人却不能？"到了小爱迪生上学的时候，他的任课老师被他惹得非常烦，因为他总是不断地向老师问各种问题，以至于老师连课都没法上，结果他被"送"回家去，并得到了老师一个"低能儿"的评语。但是，小爱迪生的母亲南茜并不认为她的儿子是个低能儿，相反，她很欣赏儿子的这种爱提问和好奇心特别强的特点，于是她自己教儿子读书识字。后来，爱迪生在强烈的好奇心驱使下不断学习、摸索、实验，一生创造了两千多项发明。

爱迪生自己曾说："天才就是1%的灵感加上99%的勤奋"，这1%的灵感其实就是好奇心。特别是在人的幼儿时期，他们对周围世界充满好奇，这种好奇心使得孩子能够认识世界，也正是这种好奇心，伴随着孩子创造力的发展。好奇心是他们学习的火花，是他们探索世界的动力，而父母在他们好奇心的发展中，扮演着非常重要的角色。身为父母，应该珍视孩子的灵感，对孩子进行有效的启发和诱导，帮助孩子发展健康的好奇心。如果孩子的好奇心因父母的态度而被压抑，孩子将会失去渴望学习的欲望。

陈景润不仅是数学奇才，在教育孩子方面也有独特的见解，他的儿子叫陈由伟，从小就对各种事物非常有好奇心。陈由伟天生聪明，每当他玩玩具时，就会好奇地把玩具拆开来看个明白。玩具是很贵的，母亲对此便非常生气，并严肃地批评儿子。这时，陈景润总是乐呵呵地站在儿子一边说："孩子有好奇心是件好事，他能拆开玩具证明他有求知欲望，能研究问题。我们应该支持他才对。"而且，陈景润还认为，孩子有个性才能成才，文艺家、政治家、科学家都靠个性的发展才获得成功。因此，他对儿子的培养方法是：民主地对待儿子。家庭民主，父子民主，母子民主，使孩子能自由自在地成长，使他的思维方法更具有个性。

在好奇心的基础上才会生出探索与发现世界的热情，父母应该让孩子的好奇心不断地向正确的方向扩张，也只有如此，孩子探索、发现的兴趣和精神才能够得到更好的发展。父母应该耐心地回答孩子的问题，时常参与孩子的活动，并且给予孩子正面的奖励，这都会使孩子的好奇心朝正面发展；而斥责、处罚或无理的制止孩子，则会阻碍孩子好奇心的发展或将其引向不正确的方向。

但是，需要注意的是，启发引导好奇心既不能操之过急，也不能要求太高，更不要认为有了好奇心就一定会有发明创造，将来要成为科学家。因为好奇心毕竟只是创造发明的萌芽，真正的创造发明还有一个曲折复杂的过程。

了解你的创造力

创造力的测量一般从创造能力和创造个性两方面进行。创造能力既需要发散思维能力又需要聚合思维能力，其中，聚合思维能力是创造思维能力的出发点和归宿，而发散思维能力则反映了创造的本质。正因如此，创造力测量就包括发散思维能力的测量和聚合思维能力的测量。

这是由美国普林斯创造才能研究公司总经理、心理学家尤金劳德塞根据几年来对善于思考、富于创造力的男女科学家、工程师和企业经理的个性品质的研究而设计的一套测量创造个性的量表。在这个测验中得分高低，只说明你的个性特点是否适合创造，并不代表真正的创造水平高低。

测验时，只需在每一句话的后面，用一个字母表示你同意或不同意。同意的用A，不同意的用C，把握不准或不知道的用B。但是，回答必须准确、忠实，不要猜测。

（1）我不盲目做事，也就是我总是有的放矢，用正确的步骤解决每一个具体问题。

（2）我认为，只提出问题而不想获得答案，无疑是浪费时间。

（3）无论什么事情，要我产生兴趣，总比别人困难。

（4）我认为，合乎逻辑的、循序渐进的方法，是解决问题的最好办法。

（5）有时，我在小组里发表意见，似乎使一些人感到厌烦。

（6）我花费大量时间来考虑别人是怎样看待我的。

（7）做自认为正确的事，比力求博得别人赞同要重要得多。

（8）我不尊重那些做事似乎没有把握的人。

（9）我需要的刺激和兴趣比别人多。

（10）我知道如何在考验面前保持自己的内心镇静。

（11）我能坚持很长时间解决难题。

（12）有时我对事情过于热心。

（13）在特别无事可做时，我倒常常想出好主意。

（14）在解决问题时，我常常单凭直觉来判断"正确"或"错误"。

（15）在解决问题时，我分析问题较快，而综合所收集的资料较慢。

（16）有时我打破常规去做我原来并未想要做的事。

（17）我有收集东西的癖好。

（18）幻想促进了我许多重要计划的提出。

（19）我喜欢客观而又有理性的人。

（20）如果我在本职工作之外的两职业中选择一种，我宁愿当一个实际工作者，而不当探索者。

（21）我能与自己的同事或同行们很好地相处。

（22）我有较高的审美感。

（23）在我的一生中，我一直在追求着名利和地位。

（24）我喜欢坚信自己的结论的人。

（25）灵感与获得成功无关。

（26）争论时，使我感到最高兴的是，原来观点与我不同的人变成了我的朋友，即使牺牲我原来的观点也在所不惜。

（27）我更大的兴趣在于提出新的建议，而不是设法说服别人接受这些建议。

（28）我乐意独自一人整天"深思熟虑"。

（29）我往往避免做那种使我感到低下的工作。

（30）在评价资料时，我总觉得资料的来源比其内容更为重要。

（31）我不满意那些不确定和不可预言的事。

（32）我喜欢一门心思苦干的人。

（33）一个人的自尊心比得到他人敬慕更为重要。

（34）我觉得那些力求完美的人是不明智的。

（35）我宁愿和大家一起努力工作，而不愿意单独工作。

（36）我喜欢那种对别人产生影响的工作。

（37）在生活中，我经常碰到不能用"正确"或"错误"来加以判断的问题。

（38）对我来说，"各得其所""各在其位"是很重要的。

（39）那些使用古怪和偏僻词语的作家，纯粹是为了炫耀自己。

（40）许多人之所以感到苦恼，是因为他们把事情看得太认真了。

（41）即使遭到不幸、挫折和反对，我仍然能够对我的工作保持原来的精神状态和热情。

（42）想入非非的人是不切实际的。

（43）我对"我不知道的事"比"我知道的事"印象更深刻。

（44）我对"这可能是什么"比"这是什么"更感兴趣。

（45）我经常为自己在无意之中说话伤人而闷闷不乐。

（46）即使没有报答，我也乐意为新颖的想法而花费大量时间。

（47）我认为，"出主意没什么了不起"的说法是中肯的。

（48）我不喜欢提出那种显得无知的问题。

（49）一旦任务在肩，即使受到挫折，我也要坚决完成它。

（50）从下面描述人物性格的形容词中，挑选出10个你认为最能说明你的性格的词。

精神饱满的；有说服力的；实事求是的；虚心的；观察力敏锐的；谨慎的；束手束脚的；足智多谋的；自高自大的；有主见的；有献身精神的；有独创性的；性急的；高效的；乐于助人的；坚强的；老练的；有克制力的；热情的；时髦的；自信的；不屈不挠的；有远见的；机灵的；好奇的；有组织能力的；铁石心肠的；思路清晰的；脾气温顺的；可预言的；拘泥形式的；不拘礼节的；有理解力的；有朝气的；严于律己的；精干的；讲实惠的；感觉灵敏的；无畏的；严格的；一丝不苟的；谦逊的；复杂的；漫不经心的；渴求知识的；实干的；好交际的；善良的；孤独的；不满足的；易动感情的。

结果统计：

题号	A	B	C	题号	A	B	C
1	0	1	2	26	-1	0	2
2	0	1	2	27	2	1	0
3	0	1	4	28	2	0	-1
4	-2	0	3	29	0	1	2
5	2	1	0	30	-2	0	3
6	-1	0	3	31	0	1	2
7	3	0	-1	32	0	1	2
8	3	0	-1	33	3	0	-1
9	3	0	-1	34	-1	0	2
10	1	0	3	35	0	1	2
11	4	1	0	36	1	2	3
12	3	0	-1	37	2	1	0
13	2	1	0	38	0	1	2
14	4	0	-2	39	-1	0	2
15	-1	0	2	40	2	1	0
16	2	1	0	41	3	1	0
17	0	1	2	42	-2	0	2
18	3	0	-1	43	2	1	0
19	0	1	2	44	2	1	0
20	0	1	2	45	-1	0	2
21	0	1	2	46	3	2	0
22	3	0	-1	47	0	4	2
23	0	1	2	48	0	1	3
24	-1	0	2	49	3	1	0
25	0	1	3				

第50题的形容词中，精神饱满的、有主见的、热情的、不屈不挠的、好奇的、有朝气的、观察力敏锐的、足智多谋的、有献身精神的、严于律己的、感觉灵敏的、有独创性的、无畏的均为2分；虚心的、坚强的、有远见的、不拘礼节的、一丝不苟的、不满足的、自信的、机灵的均为1分，其余均为0分。

评价：

分数	解释
110～140	创造个性非凡
85～109	创造个性很强
56～84	创造个性强
30～55	创造个性一般
15～29	创造个性弱
-21～14	无创造个性

创造潜力

人的潜力，很多是被后天的环境框死的。这话怎么说呢？我们知道很多的游戏规则是我们自己定的，结果这些"规则"反而让我们丧失了创造潜力。

在数学测试中，有这样一道题：航行在大海上的船里有75头牛、32只羊，请问船上的船长几岁？当时面对这道数学题，教育研究者首先拿来考法国学生，当时有64%的法国学生回答说："75-32=43，船长为43岁。"这个报道很快被中国的教育者看到，他们非常迷惑，报道这个问题是不是别有用意呢？当时，为了看一下这个问题在中国学生中的反响，很多人就拿同样的问题问中国的中小学生。通过抽样调查，结果显示，与法国学生有着同样答案的中国学生比例超过了法国。如果让高中生来回答这个问题，很多人仍然是回答出相同的答案。

如果按照数学的计算方法，这根本是不对的，但为什么这么多人都这样回答呢？因为在现有的考试语境下，任何问题都是有答案的，而且他们也经历了很多场考试，所以，从来不会想某个问题是没有答案的。

在这道题目的影响下，有些老师又用同种类型的题目夹在了学生的地理考试中：一位探险家向南走了1英里（1英里=1609.34米），然后，折向东走了一段路，接着，又向北走了1英里，结果他回到了原来的出发地,并遇上了一头大熊。你说,他见到的是头什么颜色的熊?当学生碰到这个问题的时候,很多人没有回答,因为他们无法确定这道题是什么题。如果你遇到这道问题的话,可能会在纸上画一下,但受平面几何的影响,你会认为这道题目出错了,因为不可能回到原点。

其实,这道问题是有答案的。因为根据我们学到的地理知识综合一下就完全能答出。既然能够向南、向东、向北走相同的距离之后,还能回到原地,那肯定就是在一个特殊的位置——北极点。在北极见到的北极熊当然是白色的。

所以,这道题并不是大多数人所认为的"出错了",而是有唯一的答案的。在日常生活中,当我们思考问题的时候,往往会有一种思考习惯,但这种思考习惯有时候的确能为我们的生活带来便利,但有时候也会阻碍我们的思考。所以,一定要注意这方面。

习惯,使你会闹出面对75头牛和32只羊便得出43岁船长的笑话;创新,几个数字也能让你看见一头白色的大熊!

虽然我们每个人都有创造生活的无限潜能,但大多数人只发挥了他们创造性才能的极小一部分。当人们的创造性逐渐地衰退后,人就变得没有想象力,喜欢从众。

随着年龄的增长,这一切慢慢地发生了变化。"现实"的力量在扼杀我们的想象力,我们越来越把注意力放在了生活的大事上,而忽视了对"可能性"的关注。社会希望人们从众,"与团体保持一致的压力"日益增强,无论这个团体是我们的朋友、家庭或是同事,对着装、举止、说话和思想都明显的有规定好的"准则"。当我们对这些准则有所偏离时,我们就会不被社会接纳,就会受到他人的嘲笑。大多数团体对"喜欢独立地思考"和"有创造性的人"都无法容忍。例如,想想在你的生活中,当你提出了一个新观点或完成某项艰巨而独特的任务时,其他人对你"有创造性的想法"持否定的态度吗?你敢于背离传统的规范,为此而遭遇了严重的后果吗?如果答案是肯定的,有此遭遇的人绝

不仅仅只有你。

当某人有创造性的观点的时候,为什么其他人要持"排斥"的态度呢?如果用一般的话很难解释,那么可以举个例子,如"桶里的螃蟹"。当你把一只螃蟹放在桶里的时候,这只螃蟹会想尽一切办法逃走,但如果把很多螃蟹放在桶里的时候,它们都是逃不掉的,因为当一只螃蟹往上爬的时候,其他的也会蜂拥而上,把它脱下来。或许这些螃蟹并不是一味地阻挠它爬出来,但从某个层面上来说,这与人的行为是非常相似的。在一个团体中,如果有人比其他的人出众,其他的人不会对他有"仁慈"之心,去为他庆贺,而是想尽办法把他拖下来,跟自己一样。这就是平时我们所说的嫉妒心。因为在这些人看来,他的成功正表明了其他人的不成功。

历史的发展表明,人们提出新的观点往往要付出沉重的社会代价。在你自己的生活中,当你提出了某些有创造性的观点时,你要做好被否定和被怀疑的准备,因为这种情况在社会中很常见,它是人性中阴暗面的反映。但是,如果你能坚持你的独创精神,那么,你就会发现你的勇气将得到回报,因为虽然创造性的代价可能会很高,但"人云亦云""从众"的做法所付出的代价会更高。

在生活中还有很多因素制约着你创造性才能的挖掘,如随着年龄的不断增加,可能你越来越不想去尝试新鲜的事物,因为你害怕失败。

在追求"创造性"的过程中，人们都会或多或少地面对失败，但不能因此就泄气了，而是要找办法冲破原有的束缚，最终取得成功。当然，在我们进行尝试的时候应该提前想到失败是不可避免的，但不能因此就不再追求自己所认为的真理，要相信只要凭着自己坚持不懈的努力，成功是必然的。众所周知，我们现在所使用的白炽灯泡是由托马斯·爱迪生发明的。他一生有上千项的发明专利，他所有的发明过程都是充满坎坷和曲折的。当时他的灯泡试验不断失败，周围的朋友都看不下去而都对他说："你都失败不下九千次了，为什么还要继续？"时，他却毅然决然地说："其实这并不代表着我失败了，因为在这个过程中至少我知道了有九千种灯丝不适合。"

在这个飞速发展的世界中，在复杂的人际关系、家庭关系、职业生涯和社会生活中我们仍然面临着巨大的挑战，我们需要一种全新的思维方式，即一个全新的习惯——培养超常思维能力的习惯。

第二章

想象,为创造力插上翅膀

在人认识事物的过程中,往往会充分发挥自己的想象力。想象力如一对翅膀,可以带人进入一种非凡的境地,它可以超越于人直接感受的地方……在很多时候,想象都会给思考的人带来启迪,最终解决问题。所以,在任何情况下,都要充分发挥自己的想象力,只有这样,才能取得进步。

想象是一种形象思维

从某个方面来说,想象并不是虚无的东西,而是一种形象思维。创造性思维的形成一定离不开想象。关于想象的本质,高尔基曾经这样说:"从本质上来说,想象是一种对世界的思维,但主要的还是用形象来思维。"

当我们读到《敕勒歌》的"敕勒川,阴山下。天似穹庐,笼盖四野。天苍苍,野茫茫,风吹草低见牛羊。"一幅美丽的图画就会呈现在我们的面前。当然,关于图画的具体内容也是因人而异的。当人们在想象的时候,都会无意识的对各种事物进行加工和创造,从而形成自己心目中的景象。

当我们读到"枯藤老树昏鸦,小桥流水人家。古道西风瘦马,断肠人在天涯"时,尽管我们大多数人并没有经历过这样的情境,却能在头脑中产生一幅奇异的图景来。这幅我们从未感知过的图景,就是用我们熟悉的"枯藤""老树""昏鸦""小桥""流水""人家""古道""西风""瘦马""断肠人"等表象构成的。想象虽然是以记忆表象为原材料加工改造而成,但记忆表象只是对过去感知过的事物形象的简单重现,而想象则是以创造新形象为特征的。

根据产生想象的有无预定目的性,通常将想象分为无意想象和有意想象两大类。

1. 无意想象

在人类的想象中，最简单最初级的想象就是无意想象。无意想象是一种没有预定目的、不自觉的想象，它通常发生在人注意力不集中或半睡眠状态。当我们看到天上的云彩的时候，就会无意间感觉这块云像棉花糖，另一块云像狮子……但为什么此时有的人有这种感觉，而有的人没有呢？主要原因就是想象的方向不同。在现实生活中，梦是最为典型的无意想象，而梦的主要特点就是离奇性和逼真性。

2. 有意想象

另外，比无意想象层次高的想象是有意想象，它的主要特点是具有目的性、自觉性。例如，在工作中，很多人为了某项计划和任务进行的想象，就是有意想象。

另外，根据不同的标准，有意想象也可以划分为不同的种类，如依据想象在新颖性和独创性上的差异，可以把有意想象分为再造想象、创造想象和幻想。

再造想象产生的基础就是他人的语言文字描述或者是图样的示意，在这些基础上，大脑所建立的新的形象就是再造想象。

其实，在日常生活中，我们在不知不觉中使用着再造想象。它可以帮助人们运用自己已有的知识、经验，在大脑中对感知的材料进行加工，从而创造出新的形象。

读者根据《红楼梦》的语言文字想象出林黛玉的模样，孩子们根据大人的描述在头脑中想象出孙悟空和猪八戒的形象等，都是再造想象。

创造想象是依据创造活动的预定目的，在原有表象中选择必要的材料，进行加工改造而创造出事物的新形象，具有独创性、奇特性和新颖性。没有创造想象，生产劳动、技术发明、文艺创作等一切创造活动都无法顺利进行。

曹雪芹塑造林黛玉就是创造想象的结果。科学上的新发明、文学艺术上的新创作等都属于这个范畴。

创造想象和再造想象是相互交错、相互促进的。创造想象虽然以再造想象为基础，但它要比再造想象更富有创造性，更为复杂，更为新颖，更为困难。如在《阿Q正传》中的阿Q是一个独特的典型的新形象，鲁迅先生经过千锤百炼，综合了许许多多的人物形象，创造性地构思了这一独特形象，这要比读者根据作品的描述，再造出阿Q形象复杂得多和困难得多。

幻想是一种与人的愿望相结合、指向于未来的想象。幻想是创造想象的一种特殊形式，幻想中的形象体现着个人的愿望且指向未来，不能立即实现。

幻想有积极和消极之分。违背客观发展规律、不能实现的幻想，叫作空想，空想是一种有害的幻想。在科学理论指导下、符合客观发展规律、能够实现的幻想，就是积极的幻想，叫作理想。理想是激励和鼓舞人们学习、工作和创造发明的动力。

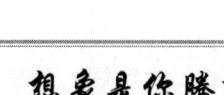想象是你腾飞的翅膀

创造性想象是运用想象力来创造生活中的一切，每个人每时每刻都在自觉或不自觉地运用它，它是我们成功的羽翼、腾飞的翅膀。

生活的每一个时刻都充满了创造性，只要你提出一个清清楚楚的要求，你内心向往的每一样事物都会来到你身边。

在我们的生活中，充分利用自己的想象力可以为生活带来很多乐

趣。在这个过程中，我们就是运用了创造性想象，想象着原先没有的事物。纵然，创造性想象与其他想象没有什么区别，但它却在有意无意地影响着人们的生活。

要学习怎样在一种越来越有意识的方式中运用你自然的创造性想象，作为一种技巧去创造你真正需要和内心所向往的一切。创造性想象的运用给了我们一把钥匙，去打开生活与自然的美好与丰富。

通过想象，你的脑海中会呈现出一种想法或者是一种景象。纵然这种想象给人的是虚无缥缈的感觉，但它却能帮助你了解自己内心最真实的想法，然后鼓励你付诸实践，最终将想法变成现实，逐步走向成功。

你的目标可以是在任何一个层面上的——身体的、情绪的、内心的、精神的，你可以想象着你自己身处在一个新的家庭中，或从事一个新的职业，或拥有一种美妙的爱情，或感到平静自在，或获得一个改进了的记忆或能力。也许你可以会想象着你自己毫不费力地处理一个困难的局面，或看到你自己作为一个辉煌的人物，内心充满光明和仁爱。你可以在任何一个层面上工作，并且都会取得成果……在经验中你将会找到那种对你最有效的独特的本领和技巧。

例如，你与某人相处有困难，而你想创造出一种与那个人更和谐的关系。

首先是放松，进入一种深沉、安静的状态，于是你在头脑里想象你们两人正在一种开诚布公、轻松和谐的方式中交谈。努力在你身上获得一种感觉：你头脑中的形象是可能实现的，就仿佛这一切正在发生似的来驾驭它。

如果你经常练习就会发现你慢慢地感觉自己与他人的关系是那样的好，你们之间已经没有什么隔阂，有的只是推心置腹的交谈和了解，他人在你心目中的形象也越来越美好，同时，你也会感觉周围所有的人是那样的亲切，整个就是一片祥和的景象。

在这里，我们应该提到的是，发挥想象并不是让自己臣服于他人，或者是让他人臣服于自己，只是为了使大家的内心更加的平和，在做事情的时候能够交换立场考虑一下，这样可以使关系更加和谐。

具体来说，创造性想象并不是一种虚无缥缈的东西，也不是仅仅依靠你的漫无边际的幻想就可以达成的。它需要你积淀的知识和修养，需要你灵活的头脑，在任何时候都能够勇敢地尝试新鲜的事物，只有这样，才能为你带来方便和好处，使你有更大的发展。

在进行创造性想象的时候一定要做到"肯定"。这个肯定不仅包括对自身意志和想象力的肯定，还包括对事物自身的属性等方面的肯定，在任何时候都应该相信自己是最棒的，无论做什么事情都是可以做好的，所以要在不经意间经常跟自己的大脑对话，这样可以调动我们的积极性。另外，这样做也会激发我们的潜力，比之前更"聪明"。

流过我们头脑的言语和念头是十分重要的。在大部分时间里，我们并不是有意识地去感受这种思想流，但我们自己的一切是形成对现实经验的基础。我们头脑中的评论，影响并感染着我们的情绪以及我们对生活中正在发生的一切的感受。正是这些思想形成最终吸引了、创造了那发生在我们身上的一切。

有些人说当他们闭起眼睛想象什么东西时，就能看到十分清晰的形象；另一些人感到并没有真正见到什么东西，仅仅是想着或想象着自己正在注视这一形象或感觉到一种强有力的印象。我们其实都是在不断地运用我们的想象，不论你发现自己在哪种想象过程中都是好的。

如果你依然感到无法肯定什么是创造性想象，读一读下面的练习，然后闭上眼睛试一试：

闭起你的眼睛深深放松。想着某个熟悉的房间，如你的卧室或起居室。记着其中某些熟悉的细节，如地毯的颜色，家具安置的样子，光线有多亮多暗。想象自己走进这个房间，在舒适的椅子、长沙发或床上坐下或躺下。

现在回忆你最近几天里有过的愉快经历，尤其是一件有着愉快身体感觉的经历，如享受一顿美餐、一次按摩、游泳……尽可能主动地记着这一经历，从这愉快的感觉中再一次得到享受。

现在想象你在某一理想的乡间，也许是在一条凉爽的河旁，在松软的草地上全身松弛或漫步走过一片动人的茂盛树林，这可以是你到过的一个地方或是一个想去的地方，想一想细节，用任何一种你愿意的方式来创造它。

不管是什么样的过程，让这些场景浮上你的脑海，都是你的"想象"之道。

一般来说，在进行创造性想象的过程中，基本上有两种参与模式：接受性的和主动性的。在接受性的模式中，我们所做的就是放松，让各种想法和形象都自动地来到我们的脑海中，我们对其不进行选择。而在主动性的模式中，我们所做的是对我们想要看到的或者是想到的一切要进行筛选。无论是接受性还是主动性，都是创造性想象中不可或缺的重要部分。所以，如果想加强自己的想象能力，可以多加练习。

有时候，那些想象力极强的人也可能会出现"失灵"的时候，对某些事情保持敬而远之的态度。其实，之所以会有这种现象是因为他内心充满了恐惧，对这些事情感到没有自信。这种状态如果想要是可以通过人的努力消除的。

幸运的是，创造性想象中这样的问题是不多见的。一般说来，创造性想象很自然地来临。你联想得越多，也就变得越容易。

一位旅行者在他的游记中提到这样的一件趣事：

一个人在偷窃的时候当场被逮住，但是他面不改色，反而理直气壮地说："带着东西逃跑才算偷窃。我只是拿着它而已，怎能算小偷？把东西放回原来的地方，不就没事了。"被偷的人愣了半天，居然无词以应。那个小偷就这样大摇大摆地走了。

我们无意称赞这个小偷的辩才，但是不得不感叹的是，他在客观

上处于绝对被动的局面下，还能充分发挥他的逻辑力量。

一般来说，在很多事情上，客观的事实其实还不令人绝望，但我们自身早已经招架不住，对事情"缴械投降"。但可能无意间的一个举动又帮助我们扭转乾坤。这种现象在年轻人身上表现最为明显。很多人在中考或者是高考的时候，考完一门之后就会选择离场，或者干脆放弃不考了，因为对自己没有足够的信心。另外，在工作之后，很多人会在短时间内频繁跳槽，因为觉得自己无法胜任。

这个现象或可解释为对事业的向心力极脆弱。另外，也可以解释为缺少"定力"，稍不如意就起了溜之大吉的念头，急急忙忙就去另觅职业。

从心理学上来看，还有一个理由，也就是预先准备保护自己的托词："我并没有全力去做，如果公司没那么差劲，我一定会专心好好干，那就另有一番境况了。"

可要知道，漫长人生，并非事事可以"想溜就溜"。某些情况下，就是"非留在那里不可"。

当你"非留在那里不可"的时候，最要紧的是，千万不要自以为一切已经"绝望"。

当你认为"绝望"，主观的"心理界限"就变为无计可施的"生理界限"，那时候你意愿锐减，斗志也丧尽，即使回天有术也会变成百药难治。

想象力是灵感与创造的源泉

地上跑的汽车，天上飞的飞机，海里行的轮船，人造卫星、宇宙飞船，这些古人简直难以想象的东西，现在是怎么创造出来的？

山是山，水是水，土是土，地是地，可是这在诗人、画家的笔下却是那样的美。美的作品是怎样创作出来的？

人一般都在一个固定的环境中生活，再美的环境也会习以为常，可是会生活的人，仍然感受到生活的多彩多姿，体验到深沉的美感。美感是如何产生的？

一切美好东西的产生都离不开想象，列宁指出："有人以为只有诗人才需要幻想，这是没有理由的，这是愚蠢的偏见！"成功的创造发明都离不开想象。德国著名的数学家希尔伯特对想象力的作用作了一个有趣的评价。他在同朋友谈到他的一个学生时，曾经这样说过："他当诗人去了，作为数学家，他太缺乏想象力了。"想象力在被视为严谨的数学研究中都被强调得如此重要，它在其他领域中的作用就更是可想而知了。

因提出量子假设而荣获1918年诺贝尔物理学奖的德国著名物理学家普朗克说："每一个假设都是想象力发挥作用的产物。"

英国物理学家廷德尔曾经概括地论述想象力和自然科学研究的关系。他说："有了精确的实验和观测作为研究的依据，想象力便成为自然科学理论的设计师。"

一间幽静的病房,墙上挂着一幅世界地图。德国气象学家魏格纳卧病在床,一边凝视着地图,一边想着一个奇妙的问题:为什么大西洋两岸的弯曲形状如此相似?看!巴西的亚马孙河口突出的大陆刚好能填进非洲的几内亚湾;而沿北美洲两海岸到非洲海岸的凸形地带,它们拼合在一起,简直就像一块完整的大陆。这是偶然的巧合,还是原先整块大陆分成几块呢?

第二年秋天魏格纳看到一份材料,说明南美洲和非洲、欧洲、北美洲、马达加斯加、印度等大陆上的蚯蚓、蜗牛、猿以及其他古生物化石,都有一定的相似性。这使他联想起卧病看地图时思考的问题,难道这些古生物是振翅飞渡大西洋的吗?

魏格纳想象的翅膀在自由飞翔。他认为在距今2亿年的古生物时代以前,地球上只有一个庞大的原始陆地,叫作"泛大陆",周围是一片汪洋。后来由于天体引潮力和地球自转离心力的作用,泛大陆开始分崩离析,就像浮在水面上的冰块一样,不断漂移,越漂越远。从北美洲脱离了非洲和欧洲,中间留下的空隙就是大西洋;非洲部分和亚洲告别,在漂离的过程中,它的南端略有偏转,渐渐地与印巴次大陆脱开,诞生了印度洋。还有两块较大的陆地向南漂移,就形成了澳洲和南极洲。为了证明这个想法,他翻阅资料,仔细考证,经过数年的努力,完成了划时代的地质文献《海陆的起源》,一个崭新的地质结构学说——"大陆漂移"学说便这样诞生了。它是由古生物化石和地球表面结构的联想而萌发的。

魏格纳之所以形成了大陆漂移假说,是靠丰富的想象力。人类所发现的一切新生事物,也都离不开想象力的作用,可以说,想象力是人类创造美好生活的动力源。

想象是什么?它是一种可以上天入地、跨海越洋、飞来舞去的思想实体,它能够思接千载,视通万里,打破时间与空间的限制,使智力

展翅高飞。想象使人洞幽察微,看到前所未有的新天地。

简单地说,想象是具有超越性的思想,超越性的思想就是想象。

想象有一对如"时光机"般的翅膀,帮助人们超绝时间的控制。例如,人们可以通过想象跟已经不存在于世界上的孔子等圣人对话;也可以跟没有在我们身边的朋友通过想象进行对话;还可以想象自己以后事业发达之后的景象……看似根本不存在的事情,却都可以通过想象实现。

其次,想象能够超越具体的空间,能不受它的限制而在头脑中构想具体空间之外的事物和情景。哥伦布发现新大陆之前,并不能亲眼看到新大陆,但他已经通过想象,超越了空间的限制,坚信新大陆的存在。

你现在正坐在家里收看一个重要会议的实况转播,但是你的思维并不受这个具体空间的限制,你可以想象自己正坐在人民大会堂里聆听报告,可以想象自己参与代表们的对话。

另外,在很多情况下,想象还能超越具体的客观事物的限制。例如,在我们掏口袋的时候,或许原本就是卫生纸,但我们可能就想象成是一沓钞票;听到某种敲打声,可能就想成了一支乐曲……

超越性是人类想象最基本的属性,也是想象能够产生创意的根本原因。

想象力是科学研究的动力

想象力是人类进行智力活动的翅膀,想象力是人才必备的能力之一。但想象力不是凭空产生的，它来自人们的生活，源自人的经验和掌握的知识，需要人们不断训练和培养才能获得。

在外出旅游的时候，一位政客，一位地质学家，一位诗人结伴而行。途中，他们遭到了土匪的追杀，要想活命就必须穿越过一片了无生机的沙漠。在穿越的途中，由于水源缺乏，所以口渴难忍。他们感觉到死亡之神正在一步步地向他们走来。

此时，这位政客说："谁要是给我们送上一箱矿泉水，我回去后一定会对他提拔重用。"

地质学家说："在我看来，最实际的做法就是寻找水源。"但他们已经精疲力竭，是根本无法找到水源的。

到了第三天早上，诗人睡醒之后，望着一望无垠的荒漠，他不由自主地开始想象：此时如果我们能在一片绿地中是最好不过的了。群山环绕、树木葱郁、小桥流水、树叶上的露珠滚动……突然，诗人向一棵树跑去。他看到了树叶上还有一些尚未干掉的露珠，他欢呼雀跃着："我们得救了！"

于是每日的后半夜他们就想办法啜饮树叶上刚凝结还来不及蒸发掉的露珠。一个星期后，他们奇迹般地出现在了荒漠的另一头……

是想象力救了他们的命！

人没有想象力是不行的。人类若失去了想象力就像鸟儿失去了翅膀，无法飞翔；就像一个没有望远镜的天文台，无法看到遥远的星空。

美国的一位画家塞缪尔·莫尔斯，奇迹般地发明了电报，成为轰动全球的爆炸性新闻，人们纷纷探求他成功的秘密。

他的成功来源于自己丰富的想象。1832年，塞缪尔·莫尔斯乘坐"萨丽"号轮船，由阿弗尔港驶向纽约。在船厅里，有个青年医生杰克逊正在为乘客滔滔不绝地演说。当演讲的内容涉及电传信息方面时。听众的情绪顿时活跃起来。人们的头脑中产生了一种对电传信心的幻想和渴望。莫尔斯完全被这位年轻医生绘声绘色的演说所感染，他有了这样

的一个信念：一定要把关于电传信息的幻想变成现实。

从此，他告别了绘画艺术生涯，投入了自然科学研究的怀抱。对于从没有接触过电传信息的莫尔斯来说，一切都要从零开始。但他有信心排除万难，在陌生的科学领域努力求索。

三年过去了，他收获甚微。在这期间，他身边的许多人都认为他是异想天开。但是他没有放弃研究，他相信自己研究的价值。他遇到了很多失败与挫折，但无论多大的困难，他都不灰心。

1837年，莫尔斯终于利用电学原理确定了几种点画符号，发明了电报。莫尔斯的艰苦努力，使他完成了电信科研的一项重大课题，推动了电信事业的发展。

凡是造福人类的东西，必将受到社会的尊重。经过努力，莫尔斯请求国会为修建电报线路拨款的提案终于通过，一种比寄信更快捷的通信方式诞生了。可见，想象力可以调动我们的思维和身体，让我们投入到行动中去。

想象成就卓越

著名的潜能专家摩菲博士说："一幅心灵图画，胜过千言万语，任何图画只要你相信它，用你的信念支撑它，你的潜能就会令它实现。"其实，你心里面的想象就是你未来的蓝图。

在这个世界上，大多数人流于贫穷与平庸，表面上看或许是由于诸多外在因素所致，但如果究其根本，则是由于他们消极的想象。他们每天都在想这些问题：自己万一失败怎么办？万一没钱怎么办？万一失业怎么办？万一破产怎么办？他们做每一件事情都在想失败的画面、悲惨的画面，结果生活正如他们的想象。

佛斯迪克博士曾以一种非常生动的语言告诉人们说："你在你的生活中如果把自己想象成失败者，这就使你不能取胜；把你自己想象成胜利者，将带来无法估量的成功。由此可见，想象对于我们事业的成功具有什么样的影响。"所以，你要学会借助你的想象、你的构思、你所接受的信念和你心中不断重复的画面，来塑造一个美好的未来。

如果你有个宏伟的目标要实现，那么你就应该积极想象，闭上眼睛，让你的思维不断发散，自由翱翔：想象自己站在一个宽大的屏幕前，而你的未来就在屏幕里边，里面正演绎着一幕幕把自己的理想变成现实的画面，并在头脑中表现出每一幕过程及细节，使之牢牢印在脑海中。

有一个名叫麦克·强生的运动员，是1966年亚特兰大奥运会400米、200米短跑的双料冠军。他足足花了10年的时间，让200米的成绩提高了一秒半。这"一秒半"虽花了他很长的一段时间，可是却让他走向了成功。这"一秒半"让他一个人独享有史以来200米和400米两个不同项目的冠军，使他成为全世界跑得最快的人，使他由一个无名小卒一跃成为体坛上的英雄，成为年收入千万美金的富人。

在麦克的自传里，他说每在比赛之前，他即想象自己是一台充满动力的机器，有完美的设计和构造，完全能够完成眼前的所有任务。

所以说，每天想着你所有的目标，同时头脑里还要发挥想象力，启动头脑中的录像机，开始做一个心灵目标的预演，这会使你信心百倍，激情昂扬，迈向成功。

卡特琳洛根说："一个幻觉显示出我们可能的未来。这是干事业的激情。如果我们头脑中有了意识的大画面，我们的成功之路便多了一块奠基石。梦想是看不见但却是永恒的价值。"

人类正是因为梦想而伟大。梦想成功是人类特有的自主意识和创造本性。凭着这种自主意识和本性，人类创造出无数宝贵的文化遗产和精神财富，如星斗般辉煌于当世，也像阳光灿烂于今天，人也由此而从平凡走向伟大，从平庸走向卓越。

依靠想象获得创意

俗话说"不怕做不到，只怕想不到"，所以在工作中，如果想寻求好的创意和方法，那就充分发挥你的想象力吧。无论面对何种困难，相信只要你能充分想象，就能找到解决困难的办法。

有一座宏伟的建筑——杰弗逊纪念馆大厦坐落在美国华盛顿广场。这座大厦历史悠久，很长时间没有修葺了，所以表面上看起来比较陈旧。当时政府非常担心会有什么问题，于是派人前去调查。

调查的结果就是由于酸雨的侵蚀，使建筑物外表陈旧。但当时很多人对这种结果存有疑惑：酸雨固然对建筑有影响，但不至于造成这么严重的结果。调查发现：原来平时冲洗墙壁的清洁剂严重腐蚀着建筑物，而这座大厦的每天冲洗次数又较多，所以，腐蚀程度较为严重是必然的。

既然如此，为什么每天要清洗墙壁呢？原因是这里的鸟粪比较多。那为什么在大厦有这么多的鸟粪呢？原来大厦周围聚集了很多燕子。

那为什么燕子又喜欢聚集在这里呢？原来有很多蜘蛛聚集在建筑物上，而燕子最爱吃蜘蛛。那为什么有这么多的蜘蛛在这里呢？原来大厦有蜘蛛喜欢吃的飞虫。

为什么这里的飞虫这么多？因为飞虫在这里繁殖得特别快。为什么飞虫在这里繁殖得特别快？因为这里的尘埃最适宜飞虫繁殖。

为什么这里的尘埃最适宜飞虫繁殖？其原因并不在尘埃，而是尘埃在从窗子照射进来的强光作用下，形成了独特的刺激，致使飞虫繁殖加快，因而有大量的飞虫聚集在此，以超常的激情繁殖，于是给蜘蛛提供了丰盛的大餐。

蜘蛛超常的聚集又吸引了成群结队的燕子往返流连。燕子吃饱了，自然就地方便，给大厦留下了大量粪便……

因此，解决问题的最终方法是：拉上窗帘。结果，杰弗逊大厦至今完好。

可见，解决问题不仅要靠智慧，而且也要靠想象力，借助想象力的翅膀飞越问题所在的圈子，以一个更高更远的视角去审视问题，问题的答案自然就会水落石出。

由于科学家丰富的联想，所以非洲岛国毛里求斯大颅榄树绝处逢生。渡渡鸟和大颅榄树是这个国家特有的两种生物。在16、17世纪的时候，由于欧洲人过度捕猎，渡渡鸟几乎濒于灭绝，大颅榄树数量也迅速减少。到了20世纪50年代，大颅榄树只剩下13棵。1981年，美国生态学家堪布尔来到此地研究这种树木，通过年轮，他发现这种树木的树龄是300年，而此时正是渡渡鸟灭绝300周年。

也就是说，渡渡鸟灭绝之时就是大颅榄树绝育之日。堪布尔对此产生了浓厚的兴趣。他首先找到了一只渡渡鸟的骨骸，在骨骸旁边有很多大颅榄树的果实，这就说明了渡渡鸟的食物就是这种树的果实。

当时堪布尔就想到了一个问题，那就是渡渡鸟和大颅榄树的发芽有着很大的关系，但由于渡渡鸟已经灭绝，这个问题很难得到证实。但他又想到，如渡渡鸟一般的不会飞的大鸟还有未灭绝的，如吐缓鸡。

堪布尔让吐缓鸡吃下大颅榄树的果实，几天后，吐缓鸟通过粪便

排出了种子，堪布尔就把这些种子种在地上，没想到很快就发芽了。这种濒临灭绝的宝贵树木重生了！

有一位思想家说过一句很著名的话："生活中不是缺少美，而是缺少发现美的眼睛。"

换言之，我们可以这样说："在我们的工作中并不缺乏创意和方法，而是缺乏能够带来创意和方法的想象力。"

无论是在工作中，还是在生活中，我们都会遇到各种各样的挑战和困难。但无论何时，我们都应该记住：当面对这些问题的时候，只要充分发挥自己的想象，就能创造很多机会，想出很多解决问题的办法。

乔治曾经在一家知名杂志社担任编辑。在他年轻的时候，他无意间看到有人从一包烟中抽出了一张纸条扔在了地上。他很好奇，于是就过去捡起来了。纸条上面印着一个著名女演员的照片，下面有一行字："这是一套照片中的一幅。"当时，他认为背面肯定还写着一些东西，于是翻过纸片来，却没发现任何字迹。

当时一个主意就涌现在了乔治的脑海中：如果把印有照片的纸片充分利用起来，在它的背面印上人物的小传，价值就会提高了。所以，他在最短的时间内找到了印刷这种纸烟附件的公司，在见到经理之后，他表达了自己的想法。当时，这位经理就对乔治说："那你负责帮我写后面的东西吧。如果你愿意的话，我会付给你很多薪水。"

这是乔治的第一份工作：写东西。因为他写的比较好，所以找他的人越来越多，在他有经济能力的时候就找人来帮忙，所以久而久之，乔治就成了一位著名的编辑。

爱因斯坦曾经说过："在人的发展过程中，知识固然很重要，但想象力更为重要。因为知识是有限的，而想象力是无限的，它概括着世界上的一切，并且是知识进化的源泉，严格地说，想象力是科学研究中的实在因素。正因为想象力的存在，社会和科学才能不断发展。"

为什么爱因斯坦会如此推崇想象？因为在他看来，没有想象力的人是无法干好工作的。只有具有充分的想象力，人类才能不断进步。

在试图有所创新的时候，你首先应该做的就是充分发挥想象力，只有这样，才可能有源源不断的想法涌入你的脑海，最终助你取得成功。

在一家大公司里，会计是李娟。由于公司比较大，所以业务也是非常繁忙的。她每天工作的节奏也是非常快的，通常是上午对方的货刚发出来，中午账单就传真过来了，随后才是快递过来的发票、运单等。所以，无论何时，各种账单都堆满了她的办公桌。

由于讨债的人太多了，所以她总是不知道先付给谁钱好，这个问题也经常难住经理。所以，经理总是让她决定。只有一次，经理指出了一份账单说"付给他。"李娟希望这种机会多一点，但这是有史以来仅有的一次。

那张账单是从巴西传真过来的。与其他账单相比，它没有什么特别之处，同样是标明了货物的价格、金额外，唯一不同的就是在账单的大面积的空白处写着一个大大的"SOS"，旁边还画了一个头像，这个头像正在滴着眼泪，虽然是副简笔画，但非常形象生动。

当他们看到这份账单的时候都很惊讶，当然经理也引以为重，所以就让想给他付款，并且还说："他也太可怜了，人家都哭了，就先给他钱吧。"

他们都明白，对方未必真的伤心流泪，但这种方法却能帮助他博得别人的眼球，首先达到了自己的目的。就因为这位巴西人在讨债这个问题上多花了点心思，所以才能够在如此多的账单中脱颖而出，成为首先获得付款的赢家。

想象力是创意和方法的沃土。俗话说，不怕做不到，就怕想不到，只要我们每个人能充分利用现有的条件和资源，就一定能找到解决问题的有效方法。

先想象后创造

想象是人们对头脑中原有的表象经过加工改造和重新组合而产生新的形象的心理过程，是一种高级复杂的认知活动。它主要处理图形信息，以直观的方式呈现在人们的头脑中，而不是以词语、符号，以及概念等方式呈现。形象性和新颖性是想象活动的特征。从想象和现实的关系看，想象有三种形式：幻想、理想、空想。

正是因为有了想象力，才促使人们想方设法地去实现想象中的事情。想象力给人以前进的动力和方向，在实现理想的过程中，人们勇于拼搏，不断失败，继而不断总结，又不断进步，周而复始，形成了宝贵的经验，成为后来人学习的知识。

人的想象不会凭空产生，而是在广泛的感知、丰富的经验、渊博的知识基础上产生的。

19世纪中叶，有一位名叫爱伦·坡的美国人，他从事新闻工作多年，掌握了大量的侦破案件的新闻资料和有关知识。有一次，纽约发生了一件奇特的杀人案，警方很难侦破，而住在费城的爱伦·坡只凭报纸报道的几篇新闻记事，运用他的经验和知识，以惊人的想象力，设想了案情的诸多具体细节并把这些写成了侦探小说。

后来案件终于侦破了，人们发现真实的案情与爱伦·坡的小说大致吻合，致使侦探们为此感到震惊。可见，丰富的知识是想象的基础，没有知识作为基础，毫无科学根据，漫无边际的想象只能是浪费生命。

可是，知识和想象又不是等同的，知识只是激发想象力的前提，想象的产生关键在于能否充分运用已掌握的知识。有的人虽然学富五车，但思想呆板、观念陈旧，结果只能是沦为知识的奴隶，一生无所成就。发明家爱迪生，没有高学历，知识是靠他自学而来，但他想象力丰富，能充分利用自己的知识进行创造性的想象，并通过实践把想象变成创造发明。

法国生物学家克劳德·贝尔纳说："构成我们学习最大障碍的是已知的东西，而不是未知的东西。"意思是说人们不能被已有的东西或知识所束缚，而是要立足于已有的知识，大胆幻想，提出新颖独到的见解来。伟大的科学家爱因斯坦也说："想象力比知识更重要，因为知识是有限的，而想象力概括世界的一切，推动进步，并且是知识进化的源泉。"

美国一所著名学院的院长，继承了一大块贫瘠的土地。在院长看来，这块土地没有任何商业价值可言，不能为他带来任何收入，反而还要为这块地支付土地税。

恰好州政府建造了一条公路从这块土地上经过。一位"未受教育"的人刚好开车从这里经过，看见这块贫瘠的土地正好位于一处山顶，可以好好观赏四周的美丽景色。他还注意到，这块土地上长满了小松树和树苗。他立即以每亩10美元的价格，买下这块足有50亩的荒地。在公路附近的一块地方，建造了一间很有特色的木制房屋，并附设一间特大的餐厅，又在房子附近建造了一处加油站。他还在公路沿线建了十几间单人木制房屋，以每人每晚3美元的价格出租给游客。餐厅、加油站及木制房屋，所有这些收入，使他在第一年净赚15万美元。

第二年，他扩张规模，增建50栋木屋，每一栋木屋附有三间房间。他把那些房子以每季度150美元的价格出租给附近城市的居民们，作为避暑别墅。

这些木屋的建筑材料根本不需要花钱，因为这些木材就长在他的

土地上。此外，这些木屋独特的外表正好成为他招揽生意的最佳广告。一般人如果用如此原始的材料建造房屋，是别人无法接受的。

在距离这些木屋不到5千米的地方，这个人又买下了一处约150亩（1亩=666.6平方米）的荒废农场，每亩价格25美元。

买到农场之后，这个人立即建造了一座100米长的水坝，把一条小溪的流水引进一个占地15亩的湖泊，他在湖中养鱼，然后把这个农场出售给那些想在湖边避暑的人。这一招，使他共赚进了25万美元，并且只花了短短一个夏季。而这一切只缘于一块贫瘠的土地，一块在院长眼里毫无价值的土地。

这个未受过"正规教育"的人以自己丰富的想象力，指导自己一步步走向成功，充分体现了自我的价值，用事实证明：想象力比知识更重要。

做个有想象力的快乐天才

任何一个青少年都是极具想象力的天才。还未经文明熏染和污染的孩子，其思维模式还没有纳入社会公认的体系中，他们天马行空、稀奇古怪的想法其实正是可贵想象力的火花。

文学大师鲁迅就曾经说过："孩子是可敬佩的，他常想到星月以上的境界，想到地面下的情形，想到花卉的用处，想到昆虫的语言。他想飞到天空，他想潜入蚁穴。"

很多青少年从小就表现出与众不同的特质，他们要么天资聪明，风趣幽默；要么有旺盛的求知欲和强烈的好奇心；要么触类旁通、思维流畅，能把他人的经验和自己结合在一起；要么喜欢幻想，爱做"白日梦"；或者爱学善问，兴趣广泛；或者敢于质疑现状，具有独立思考和工作的能力；抑或是别出心裁，总想着搞点小花样什么的——这样的孩子，往往就是想象力丰富的孩子。

曾经在俄国的一个渔民家庭诞生了一个伟大的科学家，他就是罗蒙诺索夫。罗蒙诺索夫从小就非常聪明，而且非常爱学习，在所有的玩伴中他是出类拔萃的。当时，他所在的是一个渔村，到处都是晒渔网的地方，没有他可以安静看书学习的地方，于是他就自己创造条件学习。当他得知邻居家有书籍后，就时常去借书看，看到他是如此好学，邻居家也非常乐意给他书看。如果有一些问题不懂就记下来，等跟着父亲去市里卖鱼的时候问姑姑家的表哥或者是表姐。他如此勤奋好学也引起了姑姑一家人的注意，他们都非常喜欢他。正因为他如此聪明又酷爱学习，才得以在众人之中脱颖而出，最终成为一名著名的科学家、学者、诗人、教育家。他创办了莫斯科大学，著有《论化学的效用》《真实物理化学概论》等著作。

众所周知，爱迪生被被誉为"发明大王"。殊不知，他小的时候是大人们眼中的"捣蛋鬼"。在小学的时候，他每次考试都是倒数第一。课堂上永远是"不正经"的。有一次，老师找到家，对爱迪生的父母说："你这孩子真是没法治了。他上课从来都不认真听讲，只会捣蛋，而且还问一些稀奇古怪的东西。上课的时候，人家都在认真听讲、默不作声，而他却没话找话，问我为什么一加一等于二，而不是等于别的，你们说气不气人？"其实，爱迪生之所以能在后来有如此多的发明创造跟他小时候就有的这种创造性思维是分不开的。

当查理·索理亚还是一名中学生的时候，他已经发明了火柴。查理·索理亚自小就爱钻研问题，有着广泛的兴趣爱好。在他上小学的时候，各门成绩都是班里的第一名。在学自然科学的时候，他会回家之后再把老师上课做的实验再做一遍。而正是因为这一次次的实验，他才得

以发明出了火柴。当听到老师讲解说硫黄、氯酸钾、磷都是易燃品时，他就想利用这些物品肯定可以做成理想的火柴，在他的努力之下，终于取得了成功。

……

一个人，哪怕表现出其中的某一种特质，都可能是一个想象力的天才。最宝贵的能力往往在最纯真的人身上表现得最为明显，从以下的事例可以看出。

1. 引人思考的故事

（1）课堂上，老师这样提问：

"雪化了变成了什么？"

"变成水！"大家异口同声。

一个小女孩回答：

"变成了春天！"

（2）父母问孩子：

"树上有五只鸟，被人用枪打死一只之后，树上还剩下几只鸟？"

孩子回答：

"还有三只。"

父母愕然：

"怎么可能？"

孩子解释：

"爸爸被打死了，妈妈吓跑了，剩下三个孩子不会飞。"

（3）当一位美国美术教师到昆明进行教学交流的时候，她发现中国的孩子们在画画方面是技艺超常，于是就给大家出了个"快乐的节日"的题目让中国的孩子们去画画。没想到，很多孩子画的都是圣诞树。

她觉得很奇怪：怎么大家都在画圣诞树？经过仔细的观察，她发现教室后面的黑板上画着一棵圣诞树。孩子们正在一笔一画地照着描。于是，教师把黑板上的圣诞树覆盖起来，要求孩子们自己创作一幅画来表现这个主题。

没想到，这可令那些画技超群的孩子为难了。他们抓耳挠腮、冥思苦想，痛苦万状，就是无从下笔。最后，这位教师只好又把黑板上的圣诞树露了出来。

……

"变成了春天！"——这是一个多么富有想象力的答案！

"爸爸被打死了，妈妈吓跑了，剩下三个孩子不会飞。"——这是一个多么富有感情色彩的回答！

这两个孩子天真的想象力让人联想到透明无瑕的水晶，可是，遗憾的是，为什么有那么多小孩子"异口同声"？为什么"父母愕然"？是孩子们自己不愿意乘着想象的翅膀翱翔，还是有别的原因？

画画的时候，中国的小孩喜欢问"像不像"，美国的小孩则喜欢问"好不好"。二者的区别在于："像"是有样板、有模型的，而"好"则没有一定的章法。中国的小孩之所以喜欢用"像"来评价形容自己的画，自然是父母、老师、社会给他们灌输了这样的评价标准。

2. 自由、宽容、保护

人在青少年时期的想象力是珍贵的，如果因为大人的疏忽，而让他们永远失去这种宝贵的品质，将是一件万分遗憾的事情。事实上，已经有无数青少年的想象力被无情地剥夺，永远地消失了。当他们变成一个模子铸出来的半成品时，面对他们不再闪耀好奇光芒的双眼，我们是不是觉得太可惜了？

保护他们的想象力，最重要的一点就是给他们一个自由的空间，让他们畅所欲言，鼓励他们发表自己的看法，哪怕是错误的也应该让他们说完，然后适时而又恰当地给予指导。

一般来说，在民主、平等的家庭关系中成长的孩子，思维比较活跃，分析问题也比较透彻，对某些问题敢于提出自己的看法，不容易受暗示。

而那些在家长为主体的家庭中成长起来的孩子，没有任何的生气，性格乖巧听话，思维呆板，不敢畅所欲言，也提不出新的观点。在很多时候，这些孩子都是看父母的脸色行事，如果看着父母高兴，他们就继续下去；如果发现父母生气了，他们就会马上改变或者是停下来，这些都使得孩子独立性的发展受到了严重影响。

事实证明，那些有着杰出成就的人的父母都是非常宽容的。当他们的孩子异想天开、特立独行的时候，他们都能以平和的方式对待。他们不一定受过太多教育，或者就是不在意，但他们的无意却为人类历史的发展做出了突出的贡献。

合理想象定位人生

任何人生活在这个世界上，都有属于自己的"位置"。无论这个位置是不是你想要的，或者是你期许的，它都赋予了你一个角色，而这个定位的角色有着无比巨大的力量。你必须表演好它，只有这样，你才能走上成功之路。而这个角色的背后有一位操控者，而这位操控者的具体模样是靠你自己想象出来的。

为了对人进行更为深入的研究，齐姆巴多曾在斯坦福大学心理系的地下室建立了一个模拟监狱。当时他把一组心智正常、情绪稳定、知识丰富的年轻人带进"监狱"，通过扔硬币的方式来决定大家的扮演角色。其中一半年轻人为"犯人"，剩下的年轻人为"看守"，大家可以按照自己心目中的角色形象进行扮演。没过多久，齐姆巴多发现必须终止实验，否则后果不堪设想。他看到的景象实在是太可怕了：这些"犯人"和"看守"的思想和行为已经发生了很大的变化，"看守"把犯人当作最可恶的动物，以对别人施加残暴为乐。而"犯人"则变成了恶人，他们所想的就是如何逃跑以及如何对"看守"进行报复。

所有的人都对这个实验结果表示惊叹。但无论如何，这说明了一个很重要的问题：人们可以通过想象训练，在很短的时间内改变一个人的行为、思想、情感乃至于一切。齐姆巴多让这些年轻人扮演"犯人"和"看守"，在如此短的时间内，他们已经分不清自我，而是把自己当成了真的"犯人"和"看守"，一些行为作风都是按照所扮演角色的行为进行。如果这个实验在所有人身上都会产生相同的效果，那么如果让一个男人去扮演女人，经过一段时间之后，他可能就分不清自己是男是女了。所有无论你扮演哪个角色，只要完全投入，就可以成为另一个人。因此，"想象可以帮助人们在很短的时间内成为目标人物"是毋庸置疑的。与此同时，美国的社会学者马顿和凯特合著的《美国士兵研究》也得出了这样的结论：经常模仿军官的士兵，有不少人后来真的被提升为军官。而现实中的很多例子也证明了这些结论的正确性。

所以，经过想象训练的人可以在很短的时间内改变自己的各方面，如仪表、风度、形象、心灵、精神、人格……甚至是思维，总之，这种变化是令人震惊的。

大家应当注意的是，如果你想有一个美好的未来，那么一定要注意自己的选择。上学期间选择的专业会影响自己以后的择业和就业；恋爱时的对象会影响自己以后的家庭生活……在一个个选择的过程中，你会把自己圈入一个越来越接近理想的框框内，而这个框框就是那个"模子"，它会控制你的思想、行为，甚至是一切，因此一定要注意这种选择，如果选择对了，你将能受益终身，如果选择错了，那必追悔莫及。

所以，一定要慎重，在自己能够选择的权限范围内，做出最佳选择，以创造一个最初的成功"模型"，这对于你的一生至关重要。

自我意象培养

如何才能使人在短时间内发生脱胎换骨的变化？请你尝试演变技术和最佳意象技术。

演变技术，即将表演技术用于潜能开发。有的人可能很奇怪：表演是演员的事，与我们一般人有何相干？与潜能开发有何相干？

任何一样东西、一项技术，都有"小用""中用""大用"之分。表演的"小用"，就是为演员所用，对此不用多说。我们先来看看表演的"中用"。

如果你想成为一名成功者，拥有伟大的事业，那么你就应该学会表演。在人类追求发展的过程中，任何人在任何时候都可能需要积极进取，而有时候需要收敛锋芒；有时需要与众交融，有时需要独居；有时需要默默哭泣，有时需要开怀大笑；有时需要表现愤怒，有时需要表现平静……当然，这种表演需要人们有高超的表演技巧。很多人之所以会取得成功，正是因为能够表演到出神入化的境地。历史上曹操、刘备和孙膑都是精通表演的高手。历史上描写曹操最多的就是笑。在一次战争中，曹操误中吕布的计策，被打得大败而归，而且被烧得惨不忍睹，好歹逃出来了，但此时面对所有的士兵，他没有垂头丧气，而是仰天大笑。通过笑，曹操把对失败的蔑视表现的淋漓极致。他这样做就是为了稳定军心。另外，在赤壁之战之后，曹操仍然是落荒逃跑，但他为了激励士气,仍然大笑。而刘备同样是表演家,但表演形式与曹操是有很大区别的,他主要是哭。例如,他在桃园结义之时因哭泣而得到了两员愿意替其出生入死的兄弟大将;哭送徐庶,得其推荐诸葛亮而且也使徐庶"身在曹营心在汉";白帝托孤更是用哭换得诸葛亮以鞠躬尽瘁、死而后已来回报。而孙膑的拿手表演技巧是装疯卖傻。在他受庞涓迫害,双膝被废,性命难保时,正因为装疯卖傻才逃过了一劫,最后建功立业。另外,无数的事实证明了所有的领导者都是造诣颇深的表演家,因为只有这样,国家才能稳定,不断走向繁荣。

国外学者认为,教学也应该是一门表演艺术。一位成功的教师,应该是一个充满激情的表演者。大教育家马卡连柯说:"不能不表演,不会表演就不能成为一个好教师。"甚至说:"只有当用二十种口气说同一句话的时候,我就成为一个有本领的人了,那时就不怕谁不来找我。"政治家要表演,教育家要表演,企业家也需要表演。曾经是IBM总裁的小沃森先生也是位表演高手(其父是IBM公司创始人)。他说:"父亲曾经教导我,一个优秀企业家必须会当演员。你假发脾气的次数必须比你真发脾气的次数多得多;当你试图促使某个人解决一个问题时,你必须显得比内心更加着急。父亲是善于此道的老手,我一有机会就仿效他的做法。"瞧,这些杰出人物都是超级演员,都不约而同地重视表演、善于表演!这些都是表演的"中用"。

表演的"大用",就是把表演作为一项塑造人、开发人整体潜能的大技术。这项大技术我们称为"演变技术"。创新不仅包括创造新东西,而且包括创造新用途。演变技术,就是对表演用途的一大创新。真正的艺术的表演,必然是外表变化与内心变化的统一,是心灵与形体的共同演变。因此,通过运用这种技术,可以实现自我身心的大演变。

我们常常惊讶于这样的事实:只要是真正掌握了表演技术的演员,在很短时间内就可以扮演完全不同的角色,成为完全不同的一个人,演什么像什么,装什么成什么,简直有孙悟空七十二变的本领。著

名英国影星金纳斯在《好心与王冠》一片中一人就饰演了八个角色，他为每一个角色都找到了鲜明的个性特征，从造型、动作到语言、表情、心理、气质无一雷同。只要充分运用表演的神奇力量，一个人就可以轻易地改变自身的形体、动作、声音、心态、心灵乃至整个人！在舞台上、电视上能够做得到，在生活中同样能够做到。运用"演变技术"，把表演从狭隘的舞台上解放出来，把演员在舞台上七十二变的本领移用在自己身上，就可以把自己塑造成为理想中的人物，培养理想的形象、气质、性格、心态、心灵。

人们通过表演不仅可以改变外在形象，而且能改变内在心灵。为了表明这种说法的科学性，加利福尼亚医科大学的心理学家保罗·埃克曼做了这样的实验：让一位表演者在六位志愿者面前做出六个面部表情，分别表演惊讶、厌恶、悲哀、愤怒、恐惧和快乐。当表演者做出各种表情的时候，所有的志愿者也会有相同的感觉。可见，表演者对他们都产生了很大的影响。同样的道理，你的情绪也会影响你周围的人。

当美国总统西奥多·罗斯福回忆自己的成长历程的时候，他这样说："在我小的时候经常生病，身体非常虚弱，做任何事情都是紧张、没有信心的，后来我看到了一本书，而这本书中的一段文字，至今我记忆犹新。当时英国一艘船上有个船员非常胆小，于是船长就告诉他说，最初人们在行动的时候就是非常害怕的，但一定要想办法使自己表现出大无畏的样子，当你表现的什么都不怕的时候，你就真的什么都不怕了。当然这段话也一直影响着我。现在如果我遇到什么困难，我绝对不会畏畏缩缩，而是找到解决问题的办法。相信如果你们这样做，肯定也会有好的结果的。"

罗斯福由一个自卑懦弱的人变成勇敢无畏者，所采取的技术实际上就是我们所说的"演变技术"：装得不害怕，渐渐就会不害怕。类似的例子很多：一个五十来岁的妇女在心理学家的帮助下找到了一种克服羞怯的办法，她假定自己是某部戏剧中一个落落大方的角色，并依此行事，窘态果真消失了；一位先生，性格一直十分忧郁、孤僻内向。他决定扮演一个开朗外向的角色。在这段时间内，他对人微笑着，开别人的玩笑，处处表现得开朗大方，结果他竟然真的由孤僻内向而变得开朗外向了！装快乐，就能够快乐；装勇敢，就能够勇敢；装开朗，就能够开朗；装外向，就能够外向。可见，"装什么，成什么"的确是个大奥妙。我们一定要对这个道理多给予一些重视，因为它为我们改变心灵、改变性格、开发自身潜能指出了一条宽阔的金光大道。

趣味故事，感悟卓越想象力

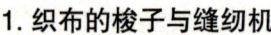

1. 织布的梭子与缝纫机

在美国的一家织布机械公司里，有一个人名叫哈威。哈威由于家底儿薄，又有三个孩子，生活非常贫困，他不得不为生活奔波。

妻子也不例外，每天除了纺纱、织布外，还要洗衣服、做饭、照顾孩子，尤其是那些似乎永远也补不完的衣服，更是令人苦恼。哈威很体贴妻子，一些粗活、重活，他都抢着去干。可是像补衣服这样的细活，他就帮不上忙了。

看着一天天消瘦的妻子，哈威看在眼里，疼在心上。他在心里想："要是有一台像手一样能缝衣服的机器，该多好啊！"

每当妻子缝衣服时，他就仔细端详她的动作。他苦苦地思索着，可是，半年下来，仍是一筹莫展。

有一天下午，他觉得非常苦闷，所以打算去公司转转。当他看

到织布工手里织布的梭子的时候，他发现梭子在纵横交错的线中穿来穿去。当时就想："如果针孔不是开在针柄上，而是开在针尖上，这样，即使针不全部穿过布，也能使线穿过布，并且在布的背面就会出现一个线环，然后，再用一个带引线的梭子穿过线环，就可以达到缝纫的目的了。"

"我有缝纫机喽！我有缝纫机喽！"他高兴得边跳边喊跑回家里。

到家以后，哈威就全身心地投入到对缝纫机的研究中。他经过反复试验，终于发明了世界上第一台缝纫机。

2. 小厨师与肥皂

在很久以前，有一天，正当古埃及的国王胡夫举行盛大的宴会。为了准备这场宴会，厨师们忙的团团转，当时有个十几岁的小厨师也是如此，每天天没亮就起床，一直忙到天黑，真是累得筋疲力尽。在搬东西的时候，由于太过劳累，一时间走了神儿，不小心把灶下的一盆炼好的羊油踢翻了，所有的羊油都浇在了炭灰里。

"糟了，这可怎么办呀？"他吓得浑身发抖，不知所措。

他怕被人发现，就急忙把混有羊油的炭灰一把一把地捧起来，扔到外边。然后，就赶快去洗手，他洗着洗着，忽然发现手上竟然出现了一些白糊糊的东西。

"这是怎么回事呢？"他感到非常奇怪，又去把手洗了洗，结果洗过的手比以前干净多了。

"快来看呀，我发现好东西啦！"他高兴地喊了起来。到底是孩子，竟忘记自己刚做了错事："给你们用这个洗手。"

大伙看着他说："你疯了啊，用这东西洗手不是会把手弄得更脏吗？"有个人还是忍不住听信了小孩儿的话，用这白糊糊的东西洗手，当时，所有的人都惊讶的看着他，手不但没脏，反而更干净了。效果很好。这件事情很快传到了国王的耳朵里，他看着小厨师非常惊讶，问道："你的手怎么会这么干净？你用什么洗的？"面对国王的问话，小厨师不敢撒谎，所以就老实招了。

国王不但没有责备他，还叫他再试试。小厨师重新把羊油和炭灰捏成一个个小团，让国王洗洗看。国王洗后非常满意，立即传下圣旨，让这种"小团团"在全国推广使用。

小厨师意外发现的小团团，就是现在的肥皂。

3. 树胶与口香糖

多年前的一天，美国摄影师托马斯·亚当斯的家里来了一位墨西哥客人，名叫桑塔安纳，他把一包人心果树胶递给了亚当斯。

"这是人心果树胶，能不能用它来制橡胶呢？"桑塔安纳一边谈着他的构想，一边把人心果树胶放到嘴里不停地嚼着。

亚当斯的儿子霍雷肖非常好奇，趁客人不注意时，也拿了一块树胶放进嘴里嚼了起来。"唉，一点儿味道都没有。"嚼了几下，他觉得没有什么意思，就吐了出来。

几天后，桑塔安纳发现，与亚当斯合作的事已成为泡影，非常失望，便留下那包人心果树胶，不辞而别了。

不久后的一天中午，亚当斯走在街上，无意中看见一个小姑娘嘴里在不停地嚼着什么，他觉得好奇，就走上前问："小姑娘，你嘴里嚼的是什么东西呀？"

"是石蜡。"小姑娘张开嘴巴，甜甜地说。

桑塔安纳嚼人心果树胶的情景，立即出现在亚当斯的眼前。

"能不能用人心果树胶来制口香糖呢？"他将自己的想法和儿子一说，两人一拍即合。

当天晚上，父子俩就找回那包被遗忘的人心果树胶，立即投入了口香糖的研究中。亚当斯父子俩经过精心研制，用人心果树胶来制造口香糖的实验终于成功。后来，他们不断改进，在树胶中添加了各种香料，从而研制出各种不同香型的口香糖。

从此，风靡全世界的口香糖就在一位摄影师的手中诞生了。

4. 黄泥巴与陶器

我国春秋时期,有个做官的人,名叫范蠡。他看透了国君的为人,便毅然决然地离开官场,退隐江湖,隐居在江苏宜兴的一个小村庄里,和当地的百姓一样,过着日出而作、日落而息的平凡生活。

有一天清晨,范蠡起了一个大早,急急忙忙吃完饭,就拿起农具匆匆上路了。天刚蒙蒙亮,他就来到村外的黄龙山上,想在这里开荒种田。他发现,这里的泥土与别处的泥土有所不同,又细又黏,非常特殊。他一边挖地,一边思索着。

突然,他眼前一亮:"要是能用这些泥土捏成各式各样的泥坯,再用火烧一烧,不就能变成有用的东西了吗?"他包了一包泥土,一口气跑到家里,经过试验,效果果然不错。于是,他高兴地围着村庄边跑边喊:"我找到吃饭的路子啦!我找到吃饭的路子啦!"

村民们听到喊声纷纷跑了出来,望着那荒山秃岭、满山遍野的黄泥巴,村民们疑惑不解,还以为他疯了呢,异口同声地问:"黄泥巴怎么能当饭吃呢?"

"黄泥巴不能吃。但是,用它做出来的东西,不就能换饭吃了吗?"范蠡将自己的想法一五一十地说了出来,村民们听后,非常高兴,一起和范蠡琢磨起来。他们用黄泥做成各式各样的盆、缸、罐、碗、杯等,并在黄龙山下建起一座火窑,然后把这些土坯放在窑里烧。烧好以后再慢慢冷却,这些土坯就变成了各种既好看又耐用的陶器,变成一件件深受人们喜爱的日用品、工艺品。

5. 吃章鱼与凹形鞋

20世纪50年代,日本的体育运动正在蓬勃兴起。市场上各种各样的运动鞋成为热销商品。

当时,一个名叫鬼冢喜八郎的人很会捕捉商机,他看到运动鞋的需求量越来越大,心想:要是能制造一种独特的运动鞋,一定能占有市场。

可是,他转而又想:自己一无人力,二无财力,怎么能和实力雄厚的大公司竞争呢？

有一次，他应朋友之邀去观看一场篮球赛。他便询问选手们运动鞋还存在哪些缺点，以及对运动鞋有什么要求。选手们一致认为，现在的运动鞋止步不稳，容易打滑。

"对，集中目标，专门研究篮球运动鞋，只有采取这种集中目标攻关的做法，与大公司竞争才有可能。"

于是，他开始研究篮球运动鞋。为了体验各种鞋的效果，他还经常和选手们一起打篮球。他发现这些鞋在运动时，不能随时止步，这造成投篮不准。于是他便对鞋底的花纹进行了细致的研究。

"怎样的花纹才能不打滑呢？"他整天苦思冥想。

他四处走访，甚至对急刹车时的汽车轮胎也作了一番研究。可是几个月下来，他也没想出什么好办法，心里非常苦恼。

一天中午，他来到一家海鲜馆，点了一盘章鱼，在吃章鱼时，他发现章鱼的腕足内侧有个大吸盘，他眼前一亮："把鞋底做成吸盘式的，不就可以随时止步了吗？"后来，他通过学习得知乌贼、水蛭等动物的身上都有吸盘器官，依靠它可以使自己附着在其他动物身上。他对动物身上的吸盘有了足够的认识后，便决定模仿动物吸盘制造一种新式运动鞋。

首先，他按照自己的思路对市场进行了调研，发现原来的篮球运动鞋，鞋底是平面形或中间稍高，这可能是打滑的最重要原因。于是，他决定把鞋底整体制成吸盘形的，这样就会稳得多。

他经过反复试验，吸盘形运动鞋终于制成了。

凹形（吸盘形）运动鞋的问世，深受广大篮球运动员的欢迎，并大量投入生产，一时间几乎垄断了整个市场。

6. 一句玩笑话与一次性相机

"为什么不在这些胶卷上加装镜头和快门呢？"

这是日本富士胶卷销售部长，看着堆积如山的库存胶卷，无意间

对负责开发计划的部长和研究员开的一句玩笑。

这句玩笑不要紧,却一下子激发了他俩对产品开发的灵感。

"是啊,要是能发明一种即用即弃的相机该多好啊!"开发计划部的部长认真地说。

"事在人为,只要我们努力,就一定能研制出这种相机来。"计划部的研究员充满信心地说。

于是,他们进行了市场调查,结果发现,有70%的人,在一年中至少有三次面临着想拍照片,而又一时找不到相机的情况。

他们经过反复研究和试验,将一般相机简单化,从400～700个零件,一下子减少到26个,而且拍出的相片与一般相机拍出的相比,质量毫不逊色。

经过不懈努力,他们的梦想终于变成了现实。

这种在底片盒子上附装镜头的一次性相机一问世,便受到广大摄影爱好者的热烈欢迎。一次性相机不仅风靡整个日本,在国际上更是风行一时。

第三章 观察，为创造力增添双眼

观察力对于每个人来说都十分重要，敏锐的观察力可以使我们避免受表面现象的迷惑，而真正地看到事物的本质和变化的趋势。观察力是创造力的基础，只有仔细观察才能发现事物之间、知识之间细微的差别，发现别人不易发现或容易忽略的信息，从而找到新发现，产生新思想，创造新事物。

观察是创造的前提

英国著名的生物学家达尔文曾说:"我既没有突出的理解力,也没有过人的机智,但是在观察那些稍纵即逝的事物上,并对其精细观察的能力上,我可能在众人之上。"

事实上,很多科学家的成功是建立在他们敏锐的观察力上的。

瓦特通过观察水蒸气冲动壶盖这种司空见惯的现象,发明了蒸汽机,大大促进了西方工业化的进程,推动了两个时代的更替。

巴甫洛夫是苏联著名的生理学家。他长期进行消化生理研究,设计了巴氏小胃等手术方法,对未麻醉动物消化液分泌等功能进行终身观察。多么执着可贵的观察精神!由于他对消化生理的研究贡献,他获得了1904年诺贝尔生理和医学奖。进而又从唾液腺的精神性兴奋出发,转移到对高级神经活动的研究,从而创立了条件反射学说,证明语言功能为人所特有,并且是以语言的刺激作为条件反射的。

他是成功的科学家,他的成功最主要的原因在于观察,他把自己的座右铭"观察,观察,再观察"贴在实验室的墙上,时刻勉励自己。

现在我们都知道物质是由分子构成的。那么分子是怎样被发现的?它是观察的结果,最初发现分子运动的是植物学家罗伯特·布朗。

有一天,植物学家布朗用显微镜观察漂浮在水面上的花粉。结果使他大为惊奇。他原以为花粉在无风也无摇撼的平静的水面上会静止不动，不料他却发现花粉粒一直在不停的运动中。这种现象引起了他的兴趣，他没有轻易放过，又进行更加仔细的观察。

他发现花粉不但不停地运动，而且是很不规则地运动，没人能预料到下个时刻它会出现在什么地方。这与人们的日常观念大相径庭，谁看见过没有动力推动的船在水面上会前后左右地乱窜？

布朗观察到的花粉运动现象也引起了其他科学家的重视，并一同进行了探索，最终确立了分子运动理论，以罗伯特·布朗的名字命名为布朗运动。

　一个观察结果引起了一场物理学的革命。

英国细菌学家、青霉素的发现者弗莱明，在研制消灭葡萄球菌的药剂时，曾花费了几年的时间，耗尽了大量的精力，经过无数次实验，却没有找到能克制这种细菌的药物。但他没有放弃，仍然在努力研究。

在1922年，弗莱明发现有一种溶解细菌的物质存在于人的眼泪、唾沫及感冒后的鼻涕里，因此他为它取名为溶菌酶。在弗莱明看来，溶菌酶既然有这种特质，所以可用做抗生素。为了得出自己想要的实验结果，他需要研究溶菌酶的抗菌效果，但这个实验需要纯化的细菌，在当时已有的条件下，弗莱明只能通过琼脂培养皿来培养分离不同的细菌。所有的实验结果都在他的意料之中。1928年的一天，实验中的他突然发现了一只培养皿内的霉菌有点特别——没有细菌生长在这些霉菌周围，但在远处却生长着细菌。

对这一领域很有研究的弗莱明被这一现象弄迷惑了。在他看来，根据已有的知识，这个现象是不可能发生的，但既然出现了这种情况，必然有些方面是他不知道的，所以他打算进行潜心研究。他把原始的培养皿保存了下来，而且还拍了照。他取出这种奇特的霉菌孢子放到一个器皿中单独培养，并在其周围划分扇形区，接种上不同的细菌。后来发现其周围的细菌有的生长，有的不生长。为了使实验结果更为精确，于是他又把该霉菌种入液体培养基中，其结果也是一样的。后来得出的结论就是该霉菌能杀死炭疽杆菌、白喉杆菌、葡萄球菌、链球菌等凶猛的革兰阳性菌，而革兰阴性菌如痢疾杆菌、流感杆菌、伤寒杆菌等都不受影响。所以，这一系列的实验使弗莱明更加坚信这种霉菌产生了一种抗菌物质，而这种抗菌物质有可能成为击败细菌的有效药物，这就是日后造福人类的青霉素，这可谓是医学史上的重大发现。

弗莱明在研究青霉素时，倘若他不具备敏锐的观察力、丰富的实践经验和清醒的头脑，那么成功的机会就会白白错过。所以，观察力是创造的前提。

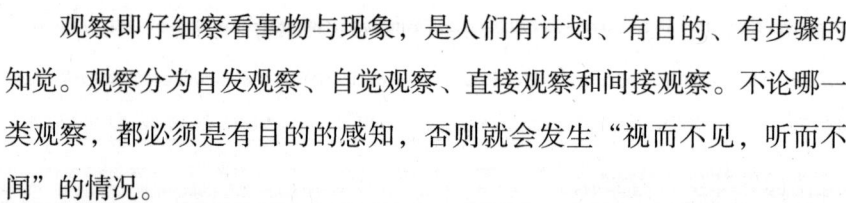

观察是最基本的素质

观察即仔细察看事物与现象，是人们有计划、有目的、有步骤的知觉。观察分为自发观察、自觉观察、直接观察和间接观察。不论哪一类观察，都必须是有目的的感知，否则就会发生"视而不见，听而不闻"的情况。

观察力与观察有着密切联系，脱离对客观事物的感知就无所谓观察力，即观察力是以感知为基础而形成的。但观察力是在感知活动中表现出来的一种稳固的认识能力，而不是感受本身。观察是一种活动，观察力是迅速而敏锐发现事物的特征、性质、状态并进行正确描述的能力。

当一个人去接触认识一个事物时，往往会有两种态度：一种只是出于好奇或兴趣，譬如在山坡上有一丛盛开的野花，他会被它的美丽所吸引而去欣赏。

但观察则是另一种态度,观察者有其目的和任务,同样是这一丛花,对一个研究植物的学者来说,他走过来所看到的不仅是红花绿叶,而往往包括更深层的内容。他或许会研究花瓣和花蕊,研究叶子的形状,甚至会研究这花生长的环境,如土壤和水分等。由此可见,观察其实是一种更高级的感知过程。

观察对于任何工作都具有重要意义,一切科学研究、生产劳动、艺术创作都需要对其对象细致、深入的观察。

齐白石老先生是举世闻名的国画大师,他画的虾备受推崇,那一幅幅质体透明、触须若动的虾图,真有略受微惊即跃出画面之感。齐老先生画虾的杰出成就,绝非一日之功,而是几十年潜心观察与磨炼的结果。他从年轻时就画虾,苦练了几十年,终于到了惟妙惟肖的境界,但他却总因缺乏透明感而不满足,于是他便亲自在大碗里养了几只长臂虾,置于画案,还常常用笔杆触动它们,让虾表演跳跃的各种姿态,然后抓住瞬间的状态变化进行写生。他把这些细心观察到的微妙变化融于自己的画面之中,终于使他画的虾充满了生气和灵性,真正达到了形神兼备的艺术境界,成为画坛一绝,令世人叹为观止。

由此可见,依靠细心观察,可以获得丰富的、有价值的事实材料,在自己心中形成生动的印象,从而找出事物发展变化的规律。不仅艺术创作需要观察,科学家、发明家的伟大成就在很大程度上也都与他们敏锐的观察力和勤奋的态度分不开。

观察使人的智慧有了生机和翅膀,观察是智力活动的开端和源泉。毛泽东曾说:"任何知识的来源在于人的肉体感官对客观外界的感觉。"这句话对智力同样适用。事实表明,一个人对周围事物"视而不见""听而不闻",他的精神世界就会非常空虚。一个人的亲身观察有限,他的知识就是浮光掠影的,他的智力活动就会成为无本之木,就会苍白无力。心理学研究证明:因缺少日常刺激而使感觉起作用机会很少环境下生活的青少年，在理智的内容上苍白无力，而且注意力涣散，易受暗示，缺乏学习能力。

观察力是一个有成就的人不可缺少的能力。牛顿观察苹果落地进而发现万有引力定律就是一个很好的例子。英国科学家何非说过："科学研究工作就是设法走到某事物的极端去观察它有无特别现象的工作。"对我们周围的事物，大家往往习以为常，因而很难从中有新的发现。当你走到"极端"去观察别人不太注意的特点，并努力创造条件促使事物暴露其特点时，就容易有新的发现。

做一个优秀的文学家、诗人，也必须要有非凡的观察力。

莫泊桑年轻时，有一次去拜访福楼拜，并给他讲了几个故事。福楼拜听后，不主张他写这些故事，而希望他做这样的锻炼：骑马出去跑一圈儿，一两个钟头以后回来，把自己看到的一切记下来。莫泊桑按照这个办法锻炼自己的观察力有一年之久，然后写出了一篇著名的短篇小说《点心》。莫泊桑曾说过："必须详细地观察你所要表现的一切东西，时间要长，而且要全神贯注，才能从中发现迄今还没有人看到和说过的那些方面。为了描写烧得很旺的火或平地上的一棵树，我们就需要站在这堆火或这棵树前面，一直到我们觉得它不再跟别的火和别的树一样为止。"

文学创作来源于生活而又高于生活。一个文学家只有对生活仔细观察，才能发现生活的真谛、生活的美，才可能创作出高于生活的不朽之作。因此，很多文学大师都深有体会地谈到观察对于文学创作的重要性。"如要创作，第一需观察。"这是鲁迅讲的。俄国文学家契诃夫也指出："作家务必要把自己锻炼成一个目光敏锐、永不罢休的观察家！"

一次实验课上，巴甫洛夫发现一个学生头也不抬地只顾做课堂笔记，就停下来问他："你在写什么，亲爱的先生？你打算做速记员、秘书，还是当科学家、生理学家呢？……应当先学会观察、观察，不学会

观察，你就永远当不了科学家。"

所以，要想在某一个领域有所成就，观察力是最基本的素质。一个管理人员，必须对他所管理的事务有敏锐的观察力，才能发现问题的主要矛盾是什么；一个公安人员必须有敏锐的观察力，才能够发现犯罪分子的蛛丝马迹；一个工人也必须有较强的观察力，才能及时发现工作中的不合格产品……总而言之，观察力是所有成功者不可缺少的能力。

观察力是创新的源泉

人们利用观察力在生活实践中不断认识世界，创新者无论是知识创新、技术创新，还是艺术创新，都是通过观察力来捕捉外界的信息。

创新者凭着观察力捕捉外界的信息、捕捉创新的信息，没有观察力，就没有创新的信息，从而也无法开始创新活动。

21世纪是经济知识飞速发展的时代，创新是知识经济的灵魂。在创新中凭着高度发展的观察力及时敏感地捕捉创新信息，这对于21世纪科学技术的激烈竞争是十分重要的。谁及早敏锐而正确地捕捉创新信息，谁就在创新的活动中赢得主动权，赢得了时间，就有可能在竞争中取胜。在21世纪竞争中，机遇是非常宝贵的，谁错过了机遇，谁就失去了竞争的主动权。

创新者凭观察力获得外界的信息越多、越全面，就越能推动创新者树立创新意识。相反，创新者获得的新信息很少，信息不全面，获得信息的支离破碎就影响了创新者创新意识的建立。

具有发达观察力的创新者能够全面、及时、准确地捕捉创新的信息。他们既能观察到创新对象明显的特征,又能敏锐地觉察出创新对象的隐蔽特性;既能注意预先确定的观察内容,又能不放过意外出现的情况。

英国医学家弗莱明由于首先发现了青霉素而获得了诺贝尔奖。当人们向他表示祝贺,赞扬他为人类做出了巨大的贡献时,他却说:"我没有什么,我的唯一功劳是没有忽视观察……"他的回答使大家困惑,问他这是怎么回事?他说:"青霉素,那是我偶然发现的。"

事实如此,弗莱明在观察培养细菌时曾经发现了奇怪的现象,在器皿里细菌繁殖很多,而在器皿口上有尘土的地方由于有蓝色的霉菌落在它的周围,葡萄球菌被溶化了,变成像露水一样透明的水滴。正是由于弗莱明凭借自己的敏锐观察力捕捉到了这个信息,经过进一步的研究发明了青霉素。

机遇只偏爱对创新有准备的头脑,有敏锐观察力的创新者。英国生物学家达尔文航海考察达5年之久,获得了大量的考察材料,经过了长期的理论探索,终于创立了生物进化论。

我国著名地理学家徐霞客旅行考察34年我国的地理情况,终于写出了《徐霞客游记》。

英国人类学家古道尔只身进入热带森林考察大猩猩的生活,并同黑猩猩在一起生活了10年后,获得了大量宝贵的第一手材料。例

如：她观察到黑猩猩群体有"头目",是黑猩猩群中的首领,黑猩猩的一个群体和另一个群体有时也发生冲突。古道尔根据10年来的观察结果,写出了《我在黑猩猩中生活》,为人类学的发展做出了卓越的贡献。

揭开观察力的面纱

观察是人们了解世界或他人的一种方法。其主要手段就是包括眼、耳、鼻、舌、身等在内的各个感觉器官或借助仪器。在人类社会发展进程中,观察在各方面都起到了非常重要的作用。当然,在日常工作、学习和生活中,我们会经常通过观察来获取很多知识和信息,用以指导我们的实践,可见,观察作用之大。在科学实验中,很多科学家正是因为善于观察,才得以启发自己的思维,最终有了重大的发现,促进了人类社会的发展和进步。例如,牛顿之所以能够发现万有引力定律,是因为苹果落地的启示;而瓦特发明和创造蒸汽机也是受水烧开后蒸气冲开壶盖的启示……

如果你想获得更多的知识,那就在生活中多观察吧。另外,如果你是一名学生,在学习的过程中,除了上课多听老师讲课之外,还要在课后多留心事物,如果可能的话还要通过实验来检验老师的说法是否正确,只有这样,才能真正学到知识,并且能学到更多的知识。所以,养成善于观察的习惯是非常重要的。

实验证明,与一般的学生相比,那些学习优异的学生往往有着更强的观察力。正是因为他们在日常生活中善于观察，使得思维更加开阔，提出更多的问题，并且不断努力来寻求解决问题的办法，所以才能使得头脑更加灵活，做什么事情都能"更先一步"。

天上闪电，我们看到了，这算不算观察呢？不算，因为我们只是被动地接受自然界发出了的信息。观察是有目的去寻找人们所需要的信息。

不要去看你家的钟，试着把钟面画下来。要画出长短针的形状、数码的类型和排列，以及牌号和商标等细节。你会发现许多地方都画错了。虽然，你每天都少不了看那钟，但是没有观察就仍然不知道它的细节。

观察力是智力活动的源泉。一个人对周围的事物视而不见、听而不闻，那么，他就什么问题也发现不了。而一个具有敏锐观察能力的人，即使在平常的事件中也会有所发现。

沈括的"流水侵蚀"学说也是他不断观察的结果。他是我国古代有一位卓越的科学家。他在考察雁荡山的时候，当他看到雁荡山的"峭拔险怪"的奇异现象和成皋、陕西大涧中高耸的土堆时，他把二者紧密地联系在了一起，所以才会有了新的发现。

善于观察的人应该会有这样的感觉：观察不仅可以帮助人们发现问题，关键的时候还会帮助人们找到解决问题的办法。

观察是聪明的眼睛，炼就一双火眼金睛，用自己的眼睛去观察自然、观察社会、观察人生。

卓越的观察力铸就成功

观察力具有明确的指向性,这就使得各种观察活动能遵循既定的目标自始至终地向前发展。比如,明确观察目的及对象——合理安排观察顺序——把观察结果同研究的问题结合思考——考虑每个观察步骤是否达到目的,等等。

指向明确、计划清晰,非常有利于在观察时既见森林,又见树木,而不是偏重于某一方面而忽略了另一方面。而全面,正是观察的基本原则。

明代医学家李时珍在学习医术的时候,发现古医书上写的是:巴豆是泻药,所以,他就认为这种说法是毋庸置疑的。在给病人看病的时候就把巴豆当作是泻药来给患者使用。但是,后来在他给人治病的过程中,有个人一直在腹泻,但实在别无他法了,李时珍就让他吃了少量的巴豆,没想到他的腹泻病好了。当时,这种情况也让李时珍感到非常纳闷,于是他决定对巴豆进行全面观察和研究。他发现:从总体上来说,巴豆是一种泻药,但当特殊病症出现时,巴豆又是一种止泻药。所以,这种认识才是最正确的。可见,善于观察的人一定会有意想不到的结果发生,观察可以帮助我们更全面地认识事物。

然而,那些没有好的观察力的人是不可能全面认识事物的。在日常生活中,对于一般的事物他都认识,但是当你拿出整体的一个部分来让他辨别的话,可能要出笑话了。这样的人对任何事情都是具有一般的、普遍的概念，但没有精确的概念，以致于做事情都是马马虎虎，什么事情也做不好。例如，如果你让他欣赏一幅画，他可能能认出是山水画还是人物画，但无法做详细的解释，因为除此之外，他什么都观察不出来了，所以必须要加以改进。如果你现在是一名学生，没有好的观察力必然会导致你落后于那些有着良好观察力的同学，所以，没有好的观察力的人抓紧时间培养自己的观察能力吧。

细致是观察力的基本要求，也是考察观察力高低的基本条件。

在我国的汉字中，形近字往往给不善于观察的人带来很大的困扰。有时两个字的形状只有一些细微的差别，比如"天"和"夭"，"日"和"曰"，"准"和"淮"等，人们往往容易将它们认错或者写错。在学习英语的过程中，来自形近字的干扰就更大了，很多英语单词看起来十分相像，实际意思却差之千里，令很多学习者都望而却步……这虽然只是一些小事，实际上却能反映出观察能力的强弱高低。

观察力强的人往往能够仔细地观察每一个事物，哪怕再细微的变化，也逃不过他的眼睛。

一个有着独特感受的人，在他观察事物的时候，不仅能够获得自身的深刻体验，还能有别的观察者没有的感受。所以，在日常生活中，他能比他人有着更多的感受力，能够不断发现新的事物，在遇到困难和挫折的时候，他能够在短时间内找到解决问题的办法，甚至还能创造奇迹。

或许在很多人看来，透过现象看本质的这种功力是很难形成的。殊不知，它可以通过人的良好的观察能力帮助人们达到。然而，这种观察能力也不是一两天形成的，他需要人们有意、无意的训练。

观察能力较强的人，能透过现象看本质。比如，在写作文的时候，有的学生写"我的妈妈"，不仅注意到了妈妈的音容笑貌、言谈举止，还能通过这些现象，挖掘出妈妈的内心世界。有的人观察大自然的景色，不仅注意到花草树木、气温云彩以及鸟类的活动、土壤的

变化，还能从这些变化中找出哪些是春天到来的象征，哪些是寒冬来临的预兆……

但是，在现实生活中，即使很多人对事物进行了仔细观察，但仍然没有得到事物的本质。例如，有个小孩子在《母鸡》的作文中写道："我家的老母鸡非常好看，头上戴着一个高高的、红红的鸡冠，身上穿着五颜六色的、美丽的衣服……"当你看到这篇作文的时候，一定也会为小孩子细致的观察力所折服，但仔细一想，虽然句子优美，但这些语句的含义本身就是错误的，因为他所描绘的是公鸡的外表。所以，如果将现象和本质进行了混淆，必定会犯大的错误，甚至会闹笑话。

众所周知，晚会是认识人的好地方。当你参加活动的时候，可能被朋友介绍给其他的人认识，如果你认为"这次见面之后肯定就没有碰面的机会了"的话，你肯定不会注意那些人的姓名、容貌，甚至是穿着，只是打个招呼就行了。然而，如果你在意的话，或者是打算以后与他们做朋友的话，你可能会特别注意某些人的"个性"，如说话的腔调、衣着品味、脸型……

当然，即使你注意观察了他们，看到的也一定是一些外在的东西，对其本质不会有太多的了解。当你观察物体的时候也是如此。例如，如果让你观察两个杯子，你可能最先想到的就是形状、颜色、大小的不同，很少将材质不同等更接近本质的东西脱口而出。这种情况在所有人身上几乎都存在。

人们之所以会观察，并不是仅仅为了了解现象，更重要的是了解事物的本质。然而，事物的本质是非常精确的，所以在观察的时候一定要仔细、认真，否则，很难在短的时间内对事物有准确的把握。通过比较和观察可以发现，那些具有较强观察力的人往往能够把握事物发展的方向，胜算概率更大。

观察力强的人在观察事物时能对具体的情况进行具体的分析，不生搬硬套，并能迅速而准确地认识到事物的特征。

例如，那些善于联想和想象的人，在遇到事情的时候，会把所有已经知道或者是了解的知识迅速地集合在大脑中，将其综合起来进行思考。其实，观察事物的行为就是对事物进行创造的过程。由于每件事情都是非常复杂的，所以无法在短的时间内就形成一个固定的联想模式。然而，如果你想有较为迅速的联想反应，那么在平时就多加锻炼吧。其中，最为有效的锻炼方法就是转变思考方式，更新思考的思路。当遇到一些问题的时候，不要被思维定式所束缚，而是突破束缚，试图从各个角度进行思考，如纵向思考、逆向思考、横向思考……但这也不代表所有的事情都有固定的思考套路，你应当做的就是具体问题具体分析，发现其中的规律。只有这样，才能节省时间，并找到解决问题的办法。当然，在人生的旅途中，任何人都会碰到一些困难或者是挑战，如果面对它们，你选择的永远是逃避，那终将是一无所获；而如果你能迎头挑战，转变思考的方法，那么必然会有新发现和新收获，进而找到解决问题的办法，最终走向成功。你应该记住：困难如敌人一般，你弱它就强，你强它就弱。

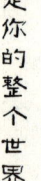

观察要不断积累与重复

我国现代著名科学家竺可桢，在年轻的时候就养成了一个习惯：无论怎样，在每天早上起床之后，都要观测和记录气温、气压、风向、湿度等气象要素和阴晴冷暖、风霜雨雪、花开花落、候鸟迁徙等物候现象。他从未松懈，一直坚持了下来。不仅如此，他大量阅读书籍，查阅文献资料，从中找出所有关于气候和物候的记载。通过不断的实验和知识的积累，他写出了一系列重要的学术论文，如《历史时代世界气候的波动》《中国近五千年来气候变迁的初步研究》……这些论文给中外学术界带来了震撼。他的一生都在为中国的气候事业奋斗着，即使是去世的前一天，他还在观察、记录和搜集资料，为的就是能编写出《中国物候学》这部著作。

"积土成山，风雨兴焉；积水成渊，蛟龙生焉。"一个人如果积累了丰富的观察资料，进行学术研究便如鱼得水。观察积累的重要性由此可见一斑。

观察积累，就是指把平时观察到的现象和结果记录下来，养成积累观察资料的好习惯。它不但能通过对材料的系统化组织提高观察分析思考力，还能通过积累习惯的培养形成良好的观察自觉性，丰富想象和思维。

随感法是最简单、最基本的观察积累手段。它的形式为随看随记，随想随记。它形式自由，长短不限。例如，观察养蚕，随看随记，某年某月蛾卵由黄变黑；某年某月某日，小蚕破壳而出；某月某日，第一次蜕皮；某月某日第二次蜕皮；某月蚕身由黑变白；某月某日，蚕身由白变亮；某月某日，开始吐丝织茧；某日茧成；某日茧破蛾出；某日雌雄蛾子交死；某日产卵。随着时间的推移，日积月累，就会拥有第一手资料。

随感习惯的养成和巩固可以丰富观察内容，提高观察兴趣。

其实，世界上有很多事物是稍纵即逝的，所以要想对事物进行全面的研究，一定要养成善于及时记录的好习惯。这种方法看起来非常简单，但有着非常大的作用，正所谓"好记性不如赖笔头"。它可以帮助人们记录下很多珍贵的资料，方便人们进行研究。其实很多伟人之所以能成为伟人，很大程度上还是得益于此好习惯。例如大文豪郭沫若就有这样的记录习惯，在《跨着东海》中，他曾经这样介绍说："我睡在床上，把一册抄本放在枕上。一有诗兴，立即拿着一支铅笔来记录，自然也就录成了一个集子。"可见，记录对人的事业起着非常重要的作用。

如果想要通过记录来积累观察资料，一定要做到及时、全面，如果隔很长时间之后再记录，肯定不能记得那么全面了，不仅不全面，还可能导致事情出现偏差。所以，人们一定要重视记录的精确性。

观察积累法在很多领域都是非常实用的。如观察气象或者是医学上。在医学上，我们经常看到医生有一个专门的记录单，每检查患者一次就会记录下来，这样就能对症下药。否则，后果不堪设想。

当然，观察积累法不是草草了事，它需要观察者的细致观察。另外，它在很多方面都是起着重要作用的，如积累观察数据、揭示事物本质、探索事物发展规律……

然而，并不是一次观察就可以接近真理，而是需要观察者不断进行，只有这样，才能得到更精确的数据，最终发现真理。

在举行运动会的百米赛跑的时候，往往会出现这样的情况：两名运动员接近终点的时间几乎是一样的。而裁判员的秒表也定格在同一位置。那如何才能定出谁是冠军呢？有的人说都是冠军，这当然是不可能的，因为第一只有一个；有的人说让他们重新跑，这是不公平的……

面对这种情况的时候应该怎么办呢？最后，工作人员想到了一个好办法，那就是反复观看设在比赛终端的电视录像资料，看谁最先碰线，最终定出了名次，这样就决出了谁是冠军，而且还非常有说服力。

因此，要想得到事实的真相，需要重复观察。在科学研究中，每一项重大发现都可能影响整个学科的发展，因此格外小心和重视。当某个科学家有所发现的时候，只有其他的科学家后来有相同的发现或者是被实践证明，才能最终得到认可，因此，重复观察是非常重要的。

爱因斯坦曾经根据自己的广义相对论，预言自然界存在着引力波。时隔多年，都未被证实。1968年12月30日至1969年3月21日，美国物理学家韦伯在连续81天的观察中，用铝制的引力波天线两次接收到引力波信号，这一实验结果发表后引起了科学界的轰动。但是没有多久，人们就开始怀疑这个观察结果，直到现在也没有被承认。这是为什么呢？原因就在于还没有其他科学家在相同的条件下接收到类似的信号，也就是说，人们还没有能够验证引力波存在的事实。

这个事例再次说明，在科学研究上，重复观察具有多么重要的意义！

在19世纪，法国著名科学家、微生物学的奠基人巴斯德曾经这样说："当你相信自己已经发现了一件重要的科学事实并热切地希望将它发表时，要将你自己克制几天、几周，有时甚至几年；要与自己斗争，想方设法推翻自己的实验。只有在一切相反的假说统统排除以后，才能将你的发现公布。这样做是很艰难的，但又是必须的。"巴斯德所说的这段话还是强调了重复观察和实验的重要性。

重复观察法并不是对一种新的事物进行观察，而是对原先已经观察的同一事物或现象，再次或多次进行观察的一种方法。在自然界中，有很多事物的出现是转瞬即逝的，如果无法抓住其观察的适当时机，那必然无法认识其本质，此时应该做的就是根据记录的资料进行反复观察，只有这样，才能得出有说服力的结论。另外，人们之所以对很多事物进行重复观察是由事物发生发展的特征与周期决定的。

俗话说"路遥知马力，日久见人心"。无论是对人还是对事物，只有经过长久的观察才能发现其本质，如果不经观察或者是观察一次就下结论，那么必然不会有正确的理解，即使有也是碰巧的，没有说服力。所以，在观察任何事物的时候都要耐住性子，对事物反复进行观察，如果能够做到，必然少走很多的弯路。

当然，重复观察并不是简单的、机械的重复，而是带着目的进行的，是为了更深刻、更全面地揭示事物、事件的本质规律。在重复观察的过程中，尽可能多地纠正以前的错误，尽量排除人为的干扰，只有这样，才能得出更加客观的结果，最终获得真理。

亲身感受观察的力量

徐霞客是我国古代著名的科学家、旅游家。在他很小的时候，母亲就教育他要热爱祖国的大好河山，热爱大自然，所以他非常喜欢游山玩水，而对功名利禄不感兴趣。母亲是徐霞客的精神导师，在她72岁的时候还陪同徐霞客游览中国的名山大川。所以，在母亲的感召下，徐霞客的游踪遍及江苏、浙江、山东、河北、陕西、河南、安徽、广东、湖南、贵州、广西等16个省区，成为当时世界上徒步旅行时间最久、行程最长的人。终于，他根据自己的亲身经历，写成了《徐霞客游记》。这本著作有着重大的科学价值和文学价值，是中国地质研究很好的参考材料。

另外，正是大自然的存在才成就了德国伟大诗人歌德。当他还是婴儿的时候，歌德的父亲就经常抱他出去散步游玩。无论路上有什么新鲜事，他都讲给歌德听。父亲的目的就是希望歌德有很好的认识能力和观察能力。长期的耳濡目染，使得歌德在很小的时候就已经对大自然有了大概的了解。在歌德青年的时候，他父亲经常陪他郊游，无论到什么地方，他就会带领歌德游览大自然的风光。如果他们到一个地方两次或者是更多次数，他就让歌德讲给他听。久而久之，这些大自然的风光使得歌德眼界大开，极其热爱祖国的河山，对历史和地理也产生了浓厚的兴趣，这些都为歌德的成功打下了坚实的基础。正因为他对事物有如此强的感受力，他才得以写出美妙的诗作。

德国法学家卡尔·威特的父亲在教育威特的时候也如歌德的父亲一般。在威特小的时候，父亲常常带他到野外游玩，当见到陌生的事物的时候，他的父亲都会讲给威特听，包括事物的名称、由来、发展、分类……这其中不仅包括各种植物，还包括动物、建筑、诗词歌赋……如果有画作或者是诗作，威特的父亲都会给他讲作者的生平，这大大开阔了威特的眼界。

法国的语言文学大师莫泊桑小时候，他的母亲罗拉经常带他到大自然中去，引导他注意大自然中的每个细节，学习用最精练、准确的语言栩栩如生地加以描述，这对莫泊桑观察能力和语言表达能力的提高有很大的帮助。所以，有人把罗拉称为莫泊桑走上文学道路的"第一位老师"。

达尔文在他很小的时候，就非常喜爱大自然，只要有时间，他都会进入到大自然中，如捕捉昆虫、寻找矿石、拾捡贝壳、采集动植物的标本……他一心扑在自己的兴趣之上，不断观察自然，最终与大自然成为了一生的朋友。在他长期的研究和观察之下，达尔文发现了生物进化原理，提出了生物进化论，推动了生物学的发展。

大自然有着一种难以言说的魔力，他帮助人们产生灵感、发挥想象、最终发现事物的真理，推动人类社会的不断前进。

大自然是非常神秘的，它让人难以捉摸。它其中所蕴涵的伟大力量需要人们去挖掘。另外，大自然所涉及的学科是非常多的，如天文学、动物学、植物学、矿物学、物理学、化学等科学领域，又同历史、地理、文学、美术、音乐等有着直接的联系，是一座神奇的"博物馆"，人们在其中可以发现很多神奇的东西。在大自然的启迪之下，人们可以思考问题、发现问题、解决问题、探求知识……

另外，大自然带给人类的财富是数不胜数的。例如，人们可以投入到大自然中，参加各种运动来锻炼身体。大自然空气新鲜，促进人的心肺功能的提高。除此之外，还有太阳光里有大量的紫外线，在它的照射下，可提高机体的造血功能，杀死附在皮肤上的细菌，减少疾病；太阳光里还有大量的红外线，在它的照射下，人体血液畅流，对体温变化的适应能力得到提高；空气的温度、湿度和风速的变化及其对机体的综合利用而引起机体反射性的调节活动，能使皮肤迅速地改变充血性能，改善体温调节功能，从而提高机体对外界气候变化的适应能力；同时还能提高神经系统功能，增进食欲，减轻疲劳，促进新陈代谢，健康成长。

大自然永远是最好的老师，到大自然中去感受美、发现美吧，它将赋予你真正的"慧眼"。

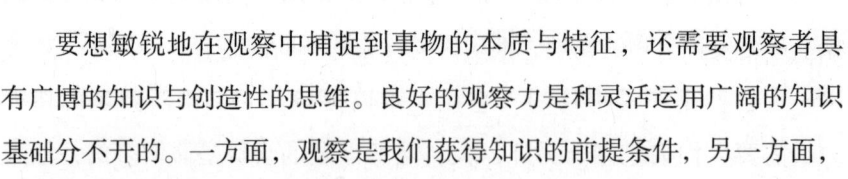

学会运用推理观察

要想敏锐地在观察中捕捉到事物的本质与特征，还需要观察者具有广博的知识与创造性的思维。良好的观察力是和灵活运用广阔的知识基础分不开的。一方面，观察是我们获得知识的前提条件，另一方面，丰富的知识经验又是我们提高观察力的重要因素。

1838年，施莱登在《论植物发生》一文中指出，所有植物体都是细胞的组合，同时充分肯定了细胞核在细胞中的重要作用。在动物学界，一些科学家已经提出了有核细胞是动物组织共有成分的观点，并认为细胞是动物组织的基本结构单位。当施莱登在与施旺共同进餐时把自己关于植物细胞的观点告诉施旺时，施旺顿时感悟到，核在动物细胞中的作用也与核在植物细胞中的作用一样。通过进一步归纳、研究，施旺很快就得出了细胞是动物和植物共同的基本结构单位，这是细胞学说的核心结论。

施莱登与施旺的成功应归功于他们充分运用归纳推理观察法的结果。那么，什么是归纳推理观察法呢？

所谓归纳观察法就是以观察为基础，透过观察到的现象，经分析、归纳推理和总结，抓住事物的属性、规律，从而获得科学认识的一种观察方法。在科技史上，细胞的发现是一种始于观察，通过归纳推理而获得正确认识的经典模式。归纳推理法是细胞发现者所用的基本方法。

正如动植物本身的形态千差万别一样，动植物细胞的形态也有很大差别。如1675年一位科学家描绘的山慈菇花瓣的一串细胞，很像我们日常生活中见的"蒜瓣"；1682年另一位科学家描绘的漆树细胞，则像一件手工织成的"毛衣"；胡克多次提到细胞酷似蜂窝；列文虎克则指出人的血细胞是中凹扁平形，等等。这表明，如果没有一种"心镜"——科学的分析能力和思维能力，那显微镜使人们看到的只能是一个更为混乱、差异更大的世界，一个使人们更为眼花缭乱、更为茫然的世界。

科学家没有停留在对各种具体细胞的观察与描绘上，而是从一开始就试图归纳出细胞的共同特点。最先提出的是"小球假说"，由于早期的显微镜尚未消去色差，在观察细胞时往往会出现由光线衍射引起的光晕，所以，从17世纪后期开始一直到19世纪20年代，科学家们大多认为"动物体的所有部分都由小球组成"，也就是把所有的动物细胞都看成是"小球"。19世纪20年代，显微镜校正了球面像差，发现除了在牛奶中有小球之外，很多动物器官和组织中都没有小球。不但没有"小球"，而且没有其他的统一形态。从此，"小球假说"便销声匿迹，科学家们也放弃了从形态上寻找细胞共同点的努力。

"小球假说"虽被否定，但科学家提出并试图证明这种假说的方法则是正确的：

其一，它是把细胞作为一种独立的对象来研究，而不仅仅只研究某种具体物质的细胞。

其二，它试图找出细胞的共同点，而不仅仅只描绘各种各样的具体细胞。

其三，它是以观察为基础提出的假说，而不是毫无依据的猜想。

因此，尽管"小球假说"本身是错误的，但它对细胞学说的产生则起了重要的推进作用，当科学家因显微镜的改进看到了各种动物组织的真实细胞后，他们绘出的细胞图，实际上就已经包括细胞膜、细胞质、细胞核三种主要成分。在此基础上，德国植物学家施莱登和动物学家施旺分别于1838年和1839年对细胞进行了理论概括，从而建立了具有划时代意义的细胞学说。

施莱登与施旺在思维方法上的一个明显特点，就是从细胞在植物体和动物体中的地位和作用这一角度来探讨细胞的共同性，而不是像"小球假说"那样从细胞的形态上探讨细胞的共同性。

总之，世间万物既是千差万别的，又是相互联系的，如果我们每个人都用自己聪慧的双眼去观察一切，那么这个纷繁复杂的世界，呈现在我们面前的必将是一幅美丽清晰的画卷。否则，没有这种高质量的报告式记录的汇总，观察日记的积累就会显得目的性不强，因而也不易坚持了。

如果我们在适当的时候将某些高质量的观察报告加以认真修改、组织，向某些报刊或征文竞赛积极投稿；如果能得到更多人的认同和赞许，将会极大地提高自身进一步观察的积极性。

如同生活与学习的丰富多彩一样,观察的方法也远远不止本书所述。每个人有自己观察事物的角度,有自己的学习风格,有自己独特的思维特性,因此完全可以结合自身实际创造出更多的行之有效的观察方法。

人们普遍认为,著名的科学家的观察力必是非常敏锐的,思维也是非常敏捷的。但量子力学的创始人,诺贝尔奖得主玻尔却并不是这样。他的观察力和理解力都较常人缓慢,看电影时,他常常跟不上情节的发展。在科研讨论中,当一个个物理学者拜访他,就量子论的某个复杂问题发表宏论时,在场人往往都明白,只有玻尔还迷离恍惚,大家只好向他再次解释,他才渐渐明白。

但玻尔却创造了一套适合于自身特点的观察方法和思维方法。早在哥本哈根读大学时,他就以实验观察的细心和思维的缜密而崭露头角。1906年,他通过细心的实验和严密的观察、推理,精确地利用振动射流测定了水的表面张力,从而获得科学院颁发的金质奖章。这种独特的观察方法奠定了玻尔成功的基础。1912年,他师从物理学大师卢瑟福,从此他全力以赴,发愤工作,终于提出了原子结构理论,对量子力学的形成起了巨大的推动作用。

玻尔的成就影响了当时的许多物理学家。20世纪20年代,以玻尔为中心,在哥本哈根理论物理研究所,聚集了一支强大的科学研究队伍,形成了世界上力量最雄厚的理论物理学派——哥本哈根学派。

然而,即使是同一学派,这些著名科学家的观察方法依然是各有特色的。矩阵力学的创始人海森伯虽然一直在玻尔指导下工作,但他的观察和思维方法却不是以缜密见长,而是以大胆著称,正因为如此,他提出了著名的"测不准原理",因而获得了诺贝尔物理学奖。

自己创造观察方法,除了依据自身特点外,还要敢于质疑。我国宋代学者陆九渊说:"小疑则小进,大疑则大进"。法国作家巴尔扎克说过:"打开一切科学的钥匙都毫无疑问的是问号。"质疑,体现了一种求知欲,包含着智慧的火花;质疑是一种探索精神,孕育着创造。因此,在学习和生活中,要敢于质疑,做到不迷信、不守旧、不唯书、不唯师,敢于发表自己的见解。这样,观察时才会独辟蹊径,创造出独特的观察方法。

学会运用创造性观察

不但要会运用推理观察,也要会运用创造性观察。

"蜜蜂是天才的建筑家",因为蜂房是纯六角形的,就像经过科学计算的一样,这已经是尽人皆知的事情,事实真是这样吗?

山西省一中学生仔细观察蜂巢后,发现其蜂房并不全是六边形的。他发现新蜂巢不具有六边形结构,只有旧蜂巢具有明显的六边形结构。为什么会是这样呢?他对蜜蜂筑巢过程进行观察,看到蜜蜂筑巢只是啃开洞口→封上→再啃开→再封上这样的重复过程。工蜂的建筑材料主要是来自自身的分泌物——蜂蜡和从旁边的旧房子上啃下来的、经过自己咀嚼成糊状的液体。

于是他猜想:蜂巢六边形结构的成因与院子里几个孩子所吹肥皂泡的六边形结构的成因可能是相同的,多个大小相同的肥皂泡挤在一起时,围在中间的肥皂泡的横截面为六边形;再观察蜂巢,发现蜂巢中间的蜂房是六边形的,边缘的蜂房果然也不是六边形的,而是半圆形的,如果把蜂巢浸在水中,当蜂巢变为湿润状态时,就可以把蜂巢分离成单个的圆筒。

最后他得出结论：蜂房的雏形是圆筒形的，由于液体表面张力的作用，中间部分的蜂房就形成了六边形结构，这个过程与肥皂泡的六边形结构成因是一致的，是液体表面张力作用的结果。蜜蜂是"比较聪明"的动物，但是蜂巢的六边形结构的形成不能作为蜜蜂比其他动物聪明的依据。

他根据自己的观察和思考写出一篇文章《液体表面张力与蜂巢》，获得全国青少年科技创新大赛一等奖。

他的观察改变了人们认为蜜蜂会造精确六角形蜂房的看法。可见观察的重要性。

"观"是"看"，但是，观察不等同于看见。一辆汽车从你身边急驰而过，你看到了，这是观察吗？家里的电话盘，可能每次打电话时你都盯着它看，但是如果让你把它画下来，很多同学会画不下来。这是为什么呢？因为平时我们的眼睛会看见大量的事物，但是由于不具有目的性，只是随意地看，所以不能算作是观察。那么什么是观察呢？从科学的意义上说观察就是人们通过眼睛、耳朵、鼻子、舌头、手等感觉器官或者工具对外界事物进行有目的、有计划的感知和描述。

我们通过观察活动，获得的全面、深入、正确地认识事物的能力，这就是观察力。观察力是一个人做好一切事情的最根本的基础，观察能力低，会影响和制约人的发展。苏联教育家赞科夫的研究发现：学习成绩差的学生的普遍特点就是观察能力差，不会发现知识间的特殊点和联系。学习能力与观察力有直接的联系。所以，培养观察力，对开发智力、提高认识能力以及创造力都有非常重要的作用。

表面看起来，观察是很容易的事情，同学们会以为我们观察得一样好，其实人与人之间观察能力的差别非常大。只要各种感觉器官正常，每一个人都会看，可是要做到会观察和观察得好，则必须通过训练。你们知道吗，科学家、艺术家的观察能力高出一般人，是因为他们训练有素。所以要提高和加强自己的观察能力就要进行一定的培养和训练。

是什么影响和制约了观察呢？原因很多，比如当我们没有目的地用眼睛看的时候，就会眼中无物，这就是缺乏由"看"升华到"观察"的动机，在一般的情况下，我们的看会受目的的引导。假如你去商店的目的是想买一双鞋的话，那么你会专注于鞋，对于琳琅满目的其他商品可能视而不见，只有从来没有见过的、特别好看的、非常奇特的东西才会吸引你的眼球。

另外，我们平时一般的"看"往往不会注意细节，观察应该是仔细看，认真看。可是很多时候我们没有做到，而是走马观花、敷衍了事，没有注意到细枝末节、微小差异。不少同学都有过考试时看错题的经历，把"0"看作"6"，把"+"看作"-"等，都属于这种情况。

还有的时候对熟悉的环境或熟知的事物我们会自以为看过了，已经很熟悉了，往往自作主张，不去认真观察了，而以过去的经验代替当下应该进行的观察，这是非常普遍的现象。比如大家经常会因为马虎大意犯一些错，而归结原因时常常把"我以为……"挂在嘴边，这就足以说明这种现象是多么地常见。

达尔文并不是只有他说的观察能力在众人之上，他这样说是在强调观察能力在科学发现、发明创造中的作用。很多著名的科学家、艺术家都对观察有过深刻的论述，可见观察不但在日常生活、学习、个人发展等众多方面有不可忽视的作用，而且在发明创造、科学研究、艺术创作中也有重要作用。

首先，观察可以揭示事物的本质和规律。

在科学研究中往往通过观察获得对认识对象的真实情况和可靠材料，然后去揭示事物的本质和规律。昆虫学家法布尔一生都在观察昆虫，据说法布尔一次走在路上，忽然看见许多蚂蚁正在齐心协力地搬运

几只死苍蝇，他马上停下来观察，为了看得清楚，索性趴在潮湿肮脏的地上，用放大镜观察，路上的行人都停住脚步看，围上来许多人，以为发生了什么事，过了四个多小时，法布尔起来时，竟不知道这些人在干什么。就是凭着这样长年累月的观察，法布尔完成了十卷集的科学巨著《昆虫记》。

其次，观察可以发现和解决实际问题。

生产和生活中的许多问题都是通过观察得到发现并予以解决的。我国浙江省出产一种叫香榧子的水果，非常好吃，但是产量很低。怎么能提高产量呢？有两个种香榧子的农民通过观察发现，有蜜蜂授粉的花就结果，其余的花不结果，而蜜蜂又不太爱给香榧子授粉。于是他们就自己用棉花授粉，收获的时候香榧子产量大增，解决了香榧子的产量问题。所以观察有助于发现问题、解决问题。

最后，观察是艺术创作的源泉。

事事皆可为我所用。一位著名的设计师这样写道："电视、工程、涂鸦和街头斗殴——只要你用心观察，就能从有异于你原先的角度看待事物。"有一个设计小组，始终找不到啤酒广告所需要的创意，于是他们便来到一个当地的酒馆去放松一下。但是酒馆中人声鼎沸，每次有人开口说话时，声音总被淹没在一片嘈杂声中。现场的观察给了他们灵感，这次经历被用在了广告设计中：每当啤酒广告中的演员要张口说话时，酒馆中就爆发出一阵喧嚣声。这是一个非常精彩的广告，并在一次全国大赛中得了设计奖。

第四章

参悟发明，解读生命的密码

发明，也许是现代人类语言中最奇妙的字眼之一。发明是人类进步的突破口，发明使人类从愚昧走向了文明。发明并不神秘，人人都可以成为发明家。参悟发明，解读生命的密码，让你从中收获不同的创造灵感与心得。

见异思迁，种豆得瓜

"见异思迁"现象是创造性的一种重要方法，即目标转换法，就是要求能够随着情况的变化，及时改变预定目标，从而有所发现、有所创造。

1897年，俄国科学家波波夫在波罗的海的两艘军舰上进行无线电通信试验时，通信突然中断了，几分钟后又恢复了正常。这种现象后来又连续几次出现，起初波波夫以为是机器故障，经检查，他排除了这一可能性。

波波夫凭着一个科学家的敏感，立刻觉得这里面大有文章。他把手头正在进行的通信试验停了下来。

波波夫首先观察了周围的环境情况。他发现，每当一艘轮船通过参与通信试验的两艘军舰之间时，通信就中断，等船驶过之后，两舰之间的通信便又恢复了正常。

波波夫由此断定，就是这只船在经过两舰之间时挡住了无线电波。进而他设想可以利用电波探测海上目标。

美国科学家根据波波夫的设想，在海上航道两侧安装了电磁波发射机和接收机，当有船只经过时，通过电波的异常波动就可以测出船的方位。1935年，英国著名的物理学家沃特森·瓦特在此基础上，制造出了世界上第一台雷达。

发明和创造，需要确定一个主攻目标，然后围绕这个目标进行一系列的观察研究和实验工作。但是如果在研究过程中发现了意外的与计

划目标不一致的异常现象，就应该主动地产生疑问，像波波夫那样立即考虑是否"见异思迁"。这种"见异思迁"现象也是创造性思维的一种重要方法，即目标转换法，就是要求能够随着情况的变化，及时改变预定目标，从而有所发现、有所创造。

这类"见异思迁""种豆得瓜"的经历并非波波夫一人才有。20世纪60年代，美国一个农业科学研究小组把研究促进植物生长的细菌群作为课题展开了工作。在观察与实验中，他们意外地发现了有一种物质能够阻碍杂草的生长。他们抓住这一线索，及时转换了研究课题：研究除草剂。很快，他们的研究取得了成功，一种高效农用除草剂被发明出来了。这项科研成果的产生，对现代农业化学除草技术的发展起了重要的先导作用。

科学发明是一项复杂的系统工程。既定研究目标能够达到，是一件可喜可贺的好事。一旦在研究中出现意外情况，然后实现研究目标的转换并获得新的创造，同样是可喜的。因此，我们要强化对异常情况价值的认识，视异常情况为机遇，并善于择机而断，确定新的研究方向。

先钻透一块"薄板"

对绝大多数人来说，先钻透一块"薄板"，选择一个正确的目标，对铸造人生的辉煌，有着莫大的意义。

有的伐木工人每天开工前，是从先伐一棵较小的树开始的。杂技演员在表演高难动作以前，总是先易后难，以博得观众的满堂喝彩，把

表演逐步引向高潮。

　　从事创造性劳动，最好先钻透一块"薄板"，从中寻找怡情的乐趣，获得成功的心理体验，并把它作为继续进取的"跳板"，去迎接更大的挑战。

　　先钻透一块"薄板"，在某种程度上是对目标的一种选择。有一名日本马拉松运动员，最早参赛把终点线作为唯一的目标，往往刚跑出十几千米就疲惫不堪了。后来他听从一位专家的建议，每次比赛之前，他都要乘车沿比赛路线看一遍，并把沿途比较醒目的标志物画下来。比如，第一个标志物是一家百货大楼，第二个是医院，第三个是一座雕塑……这样一直画到赛程的终点。比赛开始后，他首先奋力冲击第一个目标，在规定时间内到达后，又向第二个目标逼近……这样40多千米的马拉松赛程，随着许多小目标的实现而胜利走向终点。有人向他讨教创造马拉松纪录的秘诀，他说："把一个目标变成十个目标，你就会变得强大而充满自信。"

　　目标的重要在下面这个例子中可能显得更为分明。弗罗伦丝·查德威克立志要做第一个游过英吉利海峡的第一个妇女。1952年7月4日清晨，弗罗伦丝·查德威克下水向对岸游去。15个钟头后，她又累又冻得发麻，只好叫人拉她上船，当时，她的母亲和教练在另一条船上，他们都告诉她海岸很近了，叫她不要放弃。但她朝对面海岸望去，除了浓雾什么也看不到，实际上，人们拉她上船的地方，离海岸只有半英里！后来她说，令她半途而废的不是疲劳，也不是寒冷，而是她在浓雾中看不到目标，她一生中只有这次没有坚持到底。两个月后，她成功地游过同一个海峡。她不但是第一位游过英吉利海峡的女性，而且比男子的纪录还快了大约两个钟头。

　　当然，在创造实践中，也有人另走一端，他们偏好先啃"硬骨头"。曹雪芹用毕生精力写了一部大书，他一次就把人生的横杆置放到了顶点上。尽管如此，我们还是相信，对绝大多数人来说，先钻透

一块"薄板",选择一个正确的目标,对铸造人生的辉煌,有着莫大的意义。

倾听幸运的声音

我们知道,坐等幸运降临的概率是很小的,要想步入科学发展与发明的王国,心须认真倾听幸运的敲门声,抓住机会,释疑解难,方能心想事成。

发明和发现像精灵,有人为了捕捉它们的踪迹,苦思冥想,食不甘味,却难有一遇。让人不解的是,"无心插柳柳成荫"的一些幸运儿却等来了创造之神的敲门声。

美国的海曼曾是一位卖不出画的画家。他画素描时,经常为寻找橡皮苦恼。于是海曼想出一个主意,设法在铅笔的尾部装一块小的橡皮。起初,海曼用线将橡皮绑在铅笔上,后来决定用软铁片将其固定。海曼的亲友见此情景后,即建议海曼申请专利,后来该专利又以55万美元卖给了铅笔公司,获得了成功。此事发生在1860年。

如果说海曼的发明是无意中实现的,那么下面的例子则是急中生智所造成的发明。在14世纪,法国有一个红脸颊的、满脸雀斑的姑娘迪迪,在与丈夫结婚之后,迪迪才发现,丈夫把婚床和被褥变成了尿布。此时,听到祝贺婚礼的人们在门外已经捶打木门,如果更换被褥肯定是来不及了,此时她没有去埋怨沮丧的丈夫,而是急中生智,想到了一个办法:从衣橱里取出一张床单,迅速铺在潮湿臊臭的被褥上,然后开门迎客。等客人进来之后，看着床上的床单，其中的一名客人非常的惊讶，说："这样铺床真是太别致了。肯定是当下法国最为时兴的。"当时，迪迪没有说什么，只是这种铺床方法迅速在法国流传开来。没想到，三年后，法国宫廷正式把"床罩"载入了"宫廷起居事典"。可见，发明并不是那么困难的，它可能产生于一些不经意间的小事情。

那同样的事情，我们为什么没有想到呢？为什么让他们想到了呢？的确，当面对同样的事情的时候，很多人会不知所措，但有些人却能够想出解决的办法，并且为他人所效仿。如果你实在理解不了这到底是为什么，那就把它理解为是一种幸运或者是偶然吧。

当然，机遇并不是让每个人都能抓得住的。当你想要有所发现的时候，你应该多思考、抓住任何可能的机会，只有这样，才能取得成功。

英国科学家波义耳发明酸碱指示剂也得益于一个偶然的机遇。在不经意间，波义耳拿了一朵紫罗兰花，而又在不经意间，花朵沾上了酸液，无意中，他又把花朵放到了清水盆中，无意间他又发现了花朵颜色的变化。当然，正是这一系列的不经意，才使得波义耳有了新的发现，最终发明出了酸碱指示剂。

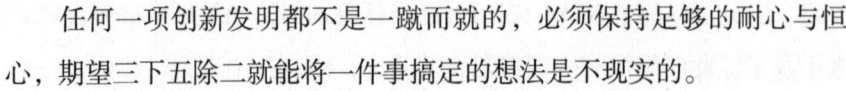

铅笔成长史

任何一项创新发明都不是一蹴而就的，必须保持足够的耐心与恒心，期望三下五除二就能将一件事搞定的想法是不现实的。

16世纪中叶的一个夏天，一场狂风暴雨袭击了苏格兰边境的博罗戴尔山谷一带。风暴所过之处，山地被冲得沟壑纵横。很多大树被刮倒，有些甚至被连根拔起。

风暴过后，天气转晴，一个牧羊人赶着羊群到山上放牧。他吆喝着羊群，惊讶地打量着这片经过疾风骤雨洗礼的土地。突然，一棵翻倒的大树下，一片黑乎乎的东西映入牧羊人的眼帘。这是什么东西？出于好奇，牧羊人跳到坑里，用手摸那东西，他的手立刻被涂得乌黑，怎么擦也擦不掉。他用指甲划一划，上面竟出现了一道深深的划痕。牧羊人心想：这种又黑又软的"石头"可从来没有见过。这东西有什么用呢？牧羊人灵机一动，就用这东西在羊身上做出各种各样的记号。这样，以后再也不用担心羊会丢了。他还挖了很多这种东西带回家，用它在墙上、地上、纸上涂写。后来这种东西很快在当地传开，当时人们都不知道这东西是什么，因为它能像铅一样使接触到的东西变黑，大家就称它为"黑铅"。

这种黑铅就是石墨，牧羊人发现了一处石墨矿——英国有史以来最纯粹的一处石墨矿。石墨一出现，立刻引起精明商人的注意。当时，英国的贸易比较发达，商人做买卖时需要在货物包装袋上标号码、写字，但一直苦于没有理想的书写工具，石墨优良的性能正好合适。于是，商人就把它们切成细条状，在伦敦街头作为"打印石"出售。一时间，"打印石"生意火得不得了，不仅销往全国各地，还被整船整船地运送到欧美大陆。

这就是人类历史上最早的"铅笔"的萌芽。不过，当时人们并不叫它铅笔。后来英国人才使用了"铅笔"一词，它是由罗马人所说的"小尾巴"演化而来的。石墨切成细条做成的"铅笔"的缺点是很明显的：污手和易断，而且笔迹颜色太深。如何克服这些缺陷呢？许多专家耗尽心血，也没有找到一个好办法。

直到18世纪，德国科学家法贝尔才攻克了这个难关。法贝尔认为，要改良石墨，必须将石墨碾成粉末，然后将它和某种物质黏合在一起，才能达到目的。他反复试验，最后发现在石墨中掺进一定量的硫黄锑和松香，经过加热凝固，就能得到改良的石墨。这种改良石墨硬度合适，书写流畅，字迹清晰，且不易弄脏手。他又用纸条裹绕笔芯，于是，一种新式的铅笔出现了。1760年，法贝尔筹资建起了铅笔工厂，大量生产铅笔，产品销往许多国家。

1789年法国资产阶级大革命的爆发使"铅笔"得到进一步的发展。在此之前，法国使用的铅笔都靠从英国、德国进口。法国资产阶级大革命爆发后，英、德先后与法国断绝往来，法国失去了"铅笔"来源。拿破仑请著名发明家兼化学家雅克·孔特研制"法国式铅笔"。由于法国石墨质量差、数量少，孔特只好掺入黏土与石墨粉压成条形并在窑内烘干焙烧。结果发现烧出来的铅笔不但坚硬耐用，而且可根据掺入黏土量的不同来控制画线颜色的深浅。他还在外面包上松雪木，这是现代铅笔的雏形。这种铅笔很快就开始风靡全世界。

然而，无论是法贝尔还是孔特的铅笔，都存在易折断的毛病。后来，还是美国马萨诸塞州康考德镇做家具的木匠威廉·门罗从根本上解决了这一问题。

美国式铅笔和法国一样，也诞生于战争。1775年，北美独立战争爆发后，英国政府下令对美国实行禁运政策，原本来自英国的铅笔贸易通道中断了。美国打算自己生产铅笔，可美国石墨比法国的质量更差，无论掺入什么物质都无法与当时制造的粗糙木壳黏在一起。

木匠门罗非常的心灵手巧，1812年门罗用一台简单的机器生产出2～7英寸（1英寸=0.0254米）的细木条，木条中间用机器挖出一条凹槽，然后把与凹槽一样粗细的石墨条放在槽内，露出的一半石墨再用另一根有同样凹槽的木条涂胶后盖上黏合。这样，门罗轻轻松松地给铅笔穿上了木头外衣。由于这种铅笔价廉、使用方便、便于携带，所以为"工业革命"后产生的大批坐办公室的"白领"喜爱。美国也一跃成为世界第一大铅笔出口国。美国制铅笔的木料多来自加利福尼亚州高山上的杉树。这种木材纹理直、质地一致、相当松软，易精确加工、上色、

上蜡，使用非常方便。

历经两百多年的时间，铅笔不断得到改进和发展，种类和式样也越来越繁多，形成了庞大的铅笔家族。有活动铅笔、彩色铅笔、立体铅笔等。如今，铅笔仍是我们重要的书写工具之一。

一支并不复杂的铅笔，如果从它"出生"时算起，到如今"长大成人"，大约有250年之久。它每一个小小的进步都来之不易，而这全来自人类的集体智慧和长期努力。

正确导向，引领创造力

"想法"是火种，是方向，切莫忽视自己头脑中各类发明的念头、想法！

1879年，当爱迪生发明出白炽灯时，标志着人类"黑暗"历史的结束。正当人们为此欢呼雀跃的时候，一些科学家已经发现了白炽灯的缺点：纵然白炽灯为人类带来了"光明"，但它在使用的过程中，电的利用率很低，而将大部分电浪费掉了。

当时有一位科学家提出："白炽灯靠电流加热，使热能转换为光能，这种电能利用形式太浪费电能了，能不能开辟一条电能利用的新途径呢？"

其中，表达这种想法最强的是美国的黑维特。为了找到新的方法，黑维特在实验室里把耐热玻璃制成灯管，抽出灯管内的空气。然后往灯管内充入各种金属和气体，并对其进行了反复的比较，希望有新的发现。

终于，在1902年水银灯问世，它的发明者就是黑维特。这种水银灯是在真空的灯管中，充入汞和少量氩气。通电后，汞蒸发，受电子激发而发光。相对于白炽灯，水银灯有很多的优点，如比白炽灯亮，能量利用率也较高，节省电源。

然而，任何事物都是一把双刃剑，具有两面性。纵然水银灯在很多方面比白炽灯更有优势，但它也存在着很多缺点，如水银灯会辐射出大量紫外线，而紫外线对人体有害；水银灯光线太亮、太刺眼，无法被人类广泛使用。

如果想要使水银灯有大的用途，应如何改进呢？

当时，物理学界掀起了一股研究水银灯的热潮。很多人认为这是一个正确的趋势，所以只要研究下去，必定会成功。

当时早就有科学家注意到：在1852年，英国物理学家斯托克斯发现了一种碰到光就能产生另一种光的荧光物质，并且经这种荧光物质转换后的光的波长远比外来光的波长要长。

所以很多科学家就产生了联想："既然紫外线比可见光的波长短，用紫外线去照射荧光物质，肯定可以得到比紫外线的波长要长得多的可见光！"

在追求真理的道路上，纵然科学家遇到了很多困难，但大家齐心协力，进行了大量的实验，并认为事情是有"转机"的——大量有害的紫外线可以转变成可见光。那如何做才能达成这个目标呢？那就是在水银灯管内壁涂上荧光物质，当水银灯辐射的紫外线照到荧光物质上时，就会被激发变成可见光。

有了这样一个明确的理论指导。按理说，水银灯的改进工作应该有个飞跃了。

然而，科学家在实际的操作过程中屡屡失败。这是为什么呢？

经过认真分析与探讨，科学家认定原来的推测没有错，关键问题是技术上没有过关，也就是说，水银灯的启动装置不理想。可要制作一

个理想的启动装置谈何容易！

水银灯的改进工作进入了艰难阶段。

当事情的发展遇到瓶颈的时候，人们应该回过头来思考。莫尔在1895年曾经做过的一个实验引起了法国科学家的注意。在莫尔进行实验的时候，把玻璃灯管中的空气抽掉，代之以二氧化碳，然后给以高压，使它放电，结果灯管发出白光。此时，克劳特也模仿莫尔的实验，但不同的是充入不同的气体，如氖、氩、氦等惰性气体。通过不断实验，克劳特发现充入的气体不同，发出的光的颜色也是不同的，如充入氖气，灯管会发出红橙色的光；充入氖和氩的混合气，灯管会发出蓝色的光；充入氖和水银的混合气，灯管会发出绿色的光；充入氦气，灯管会发出金黄色的光。如果在管内壁涂不同荧光物质，灯光的色彩将更丰富。

看到这种情形，克劳特非常高兴，他希望自己的实验会有新的发现并推动物理学界的发展。

看到玻璃管能发出如此五颜六色的光，克劳特立即用彩色灯管制作了一幅宣传广告，当时这幅广告的花朵是红色的，叶子是绿色的，文字是黄色的。为了使它能引起更多的注意，他把这幅广告挂到了市中心。

这项发明使得克劳特获得了霓虹灯的发明专利，在获得这项专利之后，克劳特成立了"克劳特霓虹灯公司"。当克劳特的专利在1932年到期之后，霓虹灯才在世界上广泛使用。

当然，霓虹灯有着自身的优点，为人们所喜爱，但也有缺点，那就是亮度不够，无法用来照明。即使如此，霓虹灯的出现再次证明了不采用爱迪生的使电变为热，热再变为光的方法，而采用一条更经济地利用电能的途径完全可行。同时，这也说明了人们研制和改进水银灯是正确的。

当时，很多科学家都在对灯进行着不懈的研究。美国通用电子公司的研究人员伊曼也是其中一位。在霓虹灯的启示下，伊曼看到了远大的前景。于是，他加紧了自己的研究速度，最终，通过持续的实验和努力，在1938年，突破了启动装置的设计与制作大关，制作了与水银灯性能截然不同的荧光灯，为人类带来了福音。

这种荧光灯的结构是在一根玻璃管内，充进一定量的汞，管的内壁涂有荧光粉，管的两端各有一个灯丝做电极。它的工作原理是：通电后，汞蒸气放电，同时产生紫外线，紫外线激发管内壁的荧光物质而发出可见光。当然，荧光灯的出现克服了水银灯的缺点，同时也有着比白炽灯更亮，且电能利用率高，省电的优点。所以，荧光灯在很短的时间内就被广大家庭所使用。

由于荧光的成分与日光相似，因此人们也叫它"日光灯"。

爱迪生的白炽灯是人类照明史上的划时代发明。白炽灯的光芒也吸引了无数发明者的目光，大家围绕着白炽灯产生了形形色色的想法。黑维特看到了白炽灯"浪费电能"的缺点，发明了水银灯；莫尔看到了水银灯的缺陷，产生了新想法，发明了霓虹灯；伊曼更进一步，发明了日光灯。我们注意到上述灯具的发明都是靠发明家某种"想法"推动的。"想法"不是天上掉下来的，它来源于发明家科学审慎的思考。"想法"是向导，引领着发明的方向。一种"想法"，一种选择，一种结局。围绕着白炽灯的改进性发明，有"想法"的人不只上面提到的三个，也不仅仅就这三种"想法"，上述三种"想法"切合了他们每人发明的实际，导向正确，所以，他们取得了各自的成就。

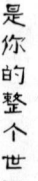

找到发明创造的领路人

发明需要同行者，需要优秀的导师，米勒幸运地找到尤里教授，于是，他解读了生命的密码。你的"尤里"在哪里？

众所周知，蛋白质是所有的动物、植物，亦或是细菌的细胞中必要的组成部分。没有蛋白质，生命是不可能存在的。而蛋白质分子的主要组成部分就是"氨基酸"。在20世纪之后，一个问题一直困扰着科学家，那就是在最初没有生命的地球上，氨基酸是如何被发现的呢？

在1953年，美国芝加哥大学的"教授会"如期召开。当时很多专家学者正在审议一位博士研究生斯唐来·米勒设计的实验方案。而米勒的导师是曾经获得诺贝尔奖的尤里教授。

在看完米勒的实验方案后，教授们都感到非常吃惊："如此年轻的米勒竟然想在容器里人工合成氨基酸，真是不可思议。"

当时，很多教授都告诉米勒："氨基酸是构成生命的重要物质基础，还没有生命的地球经过几十亿年才孕育出来，怎么可能在试管中形成呢？"

另外，有的教授也劝告他："年轻人，不要浪费宝贵的时间和精力，这是绝对不可能实现的计划！"

听到教授对自己的实验方案是如此的不屑一顾，他无力反驳，但他不灰心。

之前没有做声的尤里教授却在此时为了自己的学生开口了："没有想过的，并不意味着不可能成功。"可见，他是非常欣赏和赞同自己的学生的。

听到自己的导师为自己加油鼓劲之后，米勒更是充满自信地说："只要我们能模拟出原始地球的还原性大气，再模仿当时经常电闪雷鸣的自然条件，就很有可能产生氨基酸！"

当然，米勒的实验方案是有现实根据的。早在1936年，俄国生物学家奥巴林就出版了《生命的起源》一书，并且译成了英文。世界上最早详细研究生命起源的人就是奥巴林。他在书中阐述了自己多年以来的研究成果。关于生命起源的条件，奥巴林认为生命一定起源于以氢、甲烷、水蒸气为主，同时有一个溶有大量氨的海洋的大气中。对于原始地球大气，尤里教授很有研究，所以对于奥巴林的观点，他是非常赞同的。

当米勒得到了导师尤里教授的支持后，他更可以在"教授会"中对自己的实验方案侃侃而谈，并决定通过做出实验来说服这些"专家们"。在这个实验中，米勒首先设计了一种特殊的大玻璃容器。为了保证实验制成的复杂化合物一定不是活细胞形成的，他先把仪器抽成真空，并用130℃的高温连续消毒了18个小时。然后再通入氨、甲烷、氢气，这些气体混合的比例与推测的原始大气基本相同，这是实验成功的基础。

接着，他在另一个同样消毒过的玻璃容器中将水煮沸，形成的蒸气经过一根玻璃管进入第一个玻璃仪器中。在蒸气的推动下，氨、甲烷和氢气形成的混合气体又经过另一根玻璃管回到沸腾的水中。米勒让第二根玻璃管保持冷却状态，因而蒸气在尚未滴回原来的容器前就转变为水了。

此时，氨、甲烷、氢和水蒸气的混合物在沸水的带动下就在这套特殊的装置中不停地循环。

另外还需要考虑的一个问题是能量供应。当时在尤里教授的启发下，米勒认为提供能量的能源可以有两种：一是太阳的紫外线；一是来自闪电的电火花。

为了使导师对自己提出更好的建议，米勒就对尤里教授说："紫外线很容易被玻璃瓶吸收，我想可以用连续的电火花来供应能量。"

听到学生是如此有见解，尤里赞许地说："在地球的早期阶段，存在很多雷电交加的情形。你现在用电火花，实际上是模拟地球在原始时代频繁的闪电现象。"

在导师尤里教授的支持下，米勒开始了自己的实验。其实，在这个实验中，米勒应该做的就是不断地认真观察。他发现，最初水和空气是没有颜色的，但慢慢地，水变成了粉色，而时间越长，颜色越深，最

后成了深红色。

在实验进行到第五天的时候,氨的浓度迅速下降,氨基酸的比例持续上升。转眼间,一个星期过去了,到了第八天,奇迹出现了,这也是米勒想要看到的结果:在这个容器里面,出现了甘氨酸、丙氨酸、谷氨酸等重要的氨基酸。容器虽然小,但它与最为原始的地球没有什么区别。米勒不负导师的期望,终于成功制成人工合成氨基酸,这极大地推动了人类探索生命起源的进程。

发明需要同行者,需要优秀的导师,米勒幸运地找到了尤里教授,于是,米勒解读了生命的密码不仅促进了生命科学研究的发展,也在科学发展史上留下一段佳话。

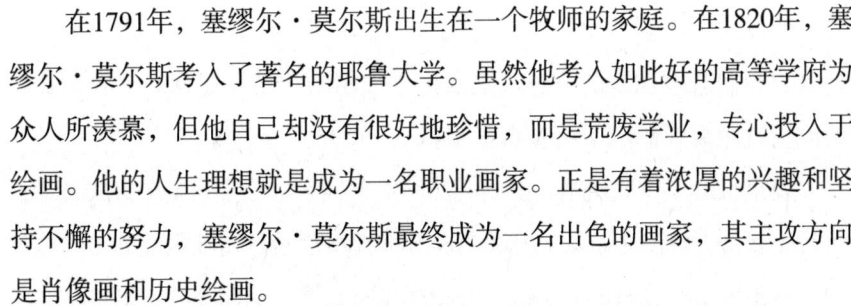

上帝创造了何等先进的奇迹

在1791年,塞缪尔·莫尔斯出生在一个牧师的家庭。在1820年,塞缪尔·莫尔斯考入了著名的耶鲁大学。虽然他考入如此好的高等学府为众人所羡慕,但他自己却没有很好地珍惜,而是荒废学业,专心投入于绘画。他的人生理想就是成为一名职业画家。正是有着浓厚的兴趣和坚持不懈的努力,塞缪尔·莫尔斯最终成为一名出色的画家,其主攻方向是肖像画和历史绘画。

他之所以从四十多岁才开始致力于电报机的发明工作,是因为一次旅途中的一个偶然。

在1832年10月,他去欧洲进行第二次留学。在回美国的时候,他乘坐了"萨丽"号邮船。当时,跟莫尔斯同处一个舱室的还有一位波士顿科学家查尔斯·杰克逊。由于航程比较远,时间较长,为了打发时间,查尔斯·杰克逊让大家来看他做的电学实验。为了使外行人能看懂自己的实验,杰克逊把买来的一块欧洲新发明的电磁铁和电池一会接通,一会断开,那块铁片也就一会被磁铁吸住一会又掉下来。大家感到非常的惊奇。

此时,在一旁仔细观察的莫尔斯问杰克逊:"线圈的导线增长,电流的速度会减慢吗?"杰克逊回答说:"无论导线有多长,不影响电流的速度,因为电的传送是瞬间的。"这句话启示了正在看实验的莫尔斯。当时他就想:如果能够使眼睛看到在导线的什么地方有电存在,那就能够利用电将消息瞬间传送到很远的地方。

从那之后,他就把自己关在船舱里,反复琢磨自己的想法怎样才能实现,为此他不断地记录数字、画草图。

他最初的想法就是:用一根导线将发报的一方和收报的一方连接起来形成一条电路。在发报的一方,人们可以通过将电路接通和断开以传送信号,而收报一方就能看到信号。在快到纽约的时候,莫尔斯关于电报的构思基本上算是成熟了。

然而,莫尔斯对电的知识几乎一窍不通,连制作一个电池也不会。他向纽约大学的化学教授伦纳德·盖尔坦诚求教,请他教给自己组装电池和制造电磁铁的方法。正是由于盖尔的帮助,在1835年底,莫尔斯很快就用废料制成了第一台电报机。

发报机的工作原理是:把制成凸凹不平的字母板排列起来拼成文章,然后让字母板慢慢活动触动开关断断续续发出信号。而收报机的工作原理是:不连续的电流通过电磁铁,牵动摆尖左右摆动的前端与铅笔连接,在移动的纸带上画出波状的线条,经译码之后便还原成电文。这与现在的电报机还是有些许区别的,但这不妨碍其工作,能够达到准确无误。

但是,电磁铁和电池是很粗糙的,所以,导线哪怕延长2~3米,收

报机就会因电阻增大而失灵。如果通信距离不能进一步延长，无论如何也达不到实际运用。

发明电报机到了这个阶段，化学家盖尔就无能为力了。于是，他给莫尔介绍了普林斯顿大学教授约瑟夫·亨利（1797—1878）。亨利和美国的法拉第几乎同时发现了电磁感应现象。他是以电感单位"亨利"留名的大物理学家。

亨利改用导电性能更强的导线，制成了强力电磁铁，再把备用电池都串联起来，实现了信号的中继转发，电路也不需要两条往返导线，其中一条可用地线代替。

在亨利的指导下，莫尔斯克服了原理上的最大难题，但这并不代表机械可以应用于实际。在开发和改良技术方面，它需要各方面的支持。俗话说"上帝想让某个人成功必然会给他创造一切有利条件"。正当莫尔斯需要人才的时候，艾尔弗雷德·贝尔出现了，他帮助莫尔斯解决了一系列问题。

贝尔是莫尔斯任教的纽约大学的毕业生，1837年初访问母校时，偶然在莫尔斯的房间观看了电报机实验，对此发生了极大的兴趣。他从在新泽西州开铁矿的父亲那里借了2000美元并借了工厂的一间房屋做实验室，便孜孜不倦地对电报机进行改良。

经过他的努力，莫尔斯的字母板式自动发报机改为手动按键，收报机由信号波形线改为高性能的小型机，基本形成了今天的电报机原型。

另外，为了能确切地在电报上表示26个英文字母，莫尔斯在纽约研究了用点和画表示的方法。另外，他还去印刷厂调查了铅字的使用频率。在他的努力之下成功编制出了莫尔斯代码，至今被人广泛应用。

1838年1月，莫尔斯和贝尔进行了3英里距离收发电报实验，获得成功。在4月他们申请了有关电报的全部专利，从此在各地进行电报的公开实验。在1843年由美国国会通过了对莫尔斯拨款3万美元，在华盛顿和巴尔的摩之间架设70千米长的电线，然后莫尔斯和贝尔在两地互拍电报，电文是："上帝创造了何等先进的奇迹。"

科技进入20世纪以后，许多发明创造活动步入了大联合、大发展的新时期。原子弹、航天飞机的试验研制，是数以万计的科学家携手攻关才大功告成的。莫尔斯仅仅是一个画家，在19世纪，却发明了连物理、电磁等方面的科学家都没有想到的电报机，若不是莫尔斯有联合发明意识，向科学家查尔斯·杰克逊学习，向盖尔求教，向约瑟夫·亨利教授求助，最后又找学生贝尔帮忙，就不可能顺利获得电报机的发明成果。当然，我们也不能否认即使科技高度发达的未来，少数的发明创造也有可能由一个人完成。

告诉自己"我能做到"

一个人只要对自己的信念坚定不移，就没有做不成的事。打开你的心灵，施展你的才能，永远不要说"不可能"。聪明的你，应该从现在就开始善用自己的能力，告诉自己"我能做到"。

圣诞节这天，一位年轻的爸爸从外地回来，给两个儿子带回来一份礼物。兄弟俩兴奋地打开礼品盒，里面装着一个怪模怪样的玩具。

两个小家伙好奇地问："爸爸，这是什么呀？"

"这个东西叫飞螺旋，它能像鸟一样飞向高空。"爸爸答道。

"啊？它能像鸟一样飞？"兄弟俩表示出他们的怀疑。

在爸爸的指导下，俩兄弟当场做起了演示。他们把上面的橡皮筋扭好。一松手，飞螺旋就发出呜呜的声音，向空中飞去。兄弟俩高兴地拍起手来。原来,除了鸟、蝴蝶外,人工制造的东西也可以飞上天。从此,在他们幼小的心灵里,萌发了一个念头:将来我们也要亲手制造出一种能飞上蓝天的东西!

这两个孩子就是莱特兄弟,哥哥叫威尔伯,弟弟叫奥维尔。

此后,莱特兄弟一边工作挣钱,一边尽力收集有关飞行方面的资料。经过努力,他们掌握了大量有关航空方面的知识。

他们决定先仿制一架滑翔机。人们便经常看到他们或仰望天空,或低头在画些什么。原来他们在观察空中飞行的老鹰,想以此激发灵感。

1900年10月,莱特兄弟终于制成了第一架滑翔机,并把它带到了十分偏僻基迪霍克海边,附近既没有树木也没有民房,而且风力很大,非常适宜试飞滑翔机。

莱特兄弟把滑翔机装好,给它系上绳索,像放风筝那样将它放飞。他们的努力没有白费,滑翔机在空中飞了一米多高,初战告捷!

1901年,兄弟俩经过多次改进,制成了第二架滑翔机。这年秋天,他们的试验飞行高度一下子达到100多米。

但兄弟俩并没有因此满足。他们心想:如果能够制造一种不用风力也能飞行的机器就好了。他们又开始了收集资料的工作,尽管绞尽脑汁反复研究,却仍旧毫无头绪。有一天,车行来了一位司机,他是来借工具修理汽车发动机的。发动机?!弟兄俩灵机一动:能不能用发动机来推动滑翔机飞行?

说干就干,他们把一个专门定做的小型发动机安装在滑翔机上,又在滑翔机顶部安上螺旋桨,发动机启动后推动螺旋桨旋转,借旋转的力可带动滑翔机飞行。

两年后,莱特兄弟带着他们装有发动机的滑翔机,再次来到基迪霍克海边,但这次试飞失败了。很多人开始嘲笑他们,说他们的想法是异想天开。

也就是在这个时期,发明家兰莱受美国政府的委托,制造了一架带有汽油发动机的飞机，在试飞中不幸坠入大海。莱特兄弟得知这个消息，立即前往调查，他们从兰莱的失败中吸取了教训，对飞机的每一部件做了严格的检查，并制定了一套较完善的操作规定。1903年12月14日，他们带着改进过的飞机又来到基迪霍克海边。

飞机真的飞起来了！但令人遗憾的是，整个飞行时间不到4分钟。兄弟俩仔细观察研究后，发现了问题所在。他们又连续工作了三天，把铁轨安置在一片平坦的地面上，再次进行飞行试验。

三天后的上午10时，天空阴冷，风卷残云。应邀前来观看飞行的当地人们冻得直打哆嗦，一再催促兄弟俩快点起飞。

飞行试验终于开始了，先由奥维尔试飞。只见他爬上飞机，伏卧在驾驶位上。一会儿，发动机开始轰鸣，随着螺旋桨由慢到快地转动，飞机滑动起来了，它一下子升到3米多高，随即水平向前飞去。

"飞起来啦！"人们高兴地呼喊起来，并且跟随威尔伯，欣喜若狂地在飞机后面追赶着。

飞行了大约30米后，飞机稳稳地下降着陆。威尔伯冲上前去，激动地扑到刚从飞机里爬出来的弟弟身上，热泪盈眶地喊道："我们成功了！"

半个小时过后，威尔伯又一次试飞，飞行距离达到52米；之后，奥维尔第三次飞行，耗时59秒，距离地面达255米。

这是人类历史上第一次驾驶飞机飞行成功。莱特兄弟把这个消息告诉报社，可报社不相信两个无名小卒能成功驾驶飞机飞行，拒绝发布消息。莱特兄弟并不在乎，又着手继续改进他们的飞机。不久，兄弟俩又制造出能乘坐两人的飞机。消息传开后，人们奔走相告，引起美国政府的重视，政府决定让莱特兄弟做一次飞行表演。

1908年9月10日这天，天气异常晴朗，飞机飞行场围满了前来观看的人们，大家兴致勃勃地等待着莱特兄弟的飞行。

10点左右，奥维尔驾驶着心爱的飞机，在一片欢呼声中，运载着一

创造力

你就是你的整个世界

110

名勇敢的乘客飞向天空。飞机两只长长的机翼在空中划过，恰似一只展翅飞翔的雄鹰。在76米的高度，飞机稳稳地飞行了1小时14分钟。

亲眼目睹这次飞行经过的人们再也抑制不住激动的心情，他们昂首高呼着莱特兄弟的名字，奔走相告！这是100多年前的事了，莱特兄弟经历了无数的失败，终于将人类飞翔的梦想变成了现实。但在当时，他们的行为却受到了旁人的嘲笑。而现在，如果有人预言人类将移民到月球上，则很少人会怀疑它的可行性。

第五章

创意，翻转命运的奇思

赫家蒂把创意视为人类智慧的精髓。人类之所以能够跳跃式进化，就是因为具有创造性。因为人可以思考，将一些复杂的思绪进行整理、规划，然后得出不同的结论，进而产生各种各样的创意。创意是解放思想，打破常规，另辟蹊径，化腐朽为神奇的表现，可以让人们收获甜美的果实。

有创意，才闪亮

西班牙著名画家萨尔瓦多·达利说："我本人与疯子唯一的不同之处就是我不疯。"

从这句类似于宣言性的话语里，我们就可以想象这位艺术家及其作品了。在象牙塔里，在艺术创作领域里的"成功"似乎与在其他领域里的成功不完全相同。尽管世界上没有两片完全相同的树叶，但是，就创业而言，其中的确还有一些共同或共通的东西可以遵守。而艺术创作则不同，一位作家、一位画家、一位音乐家，他们的价值其实就在于他们的"与众不同"。

我们可以想象一下，如果世界上的作家们写的东西都是同样的体裁，同样的手法，同样的故事情节，那该是多么可怕的一件事情呀！如果世界上的画家画的画都是一个样子，那我们这个世界要缺乏多少色彩。所以说，在艺术创作领域里的成功，一个重要的标准就是要与众不同，只有这样才能充分体现出你的价值！

想要在"艺术"这座象牙塔里取得成功，每一个人都应该将"与众不同"作为自己追求的目标，只有这样，你才有可能取得令人瞩目的成就！

如果你现在找出一本西方美术词典，你会发现其中占据最大篇幅的是毕加索。这个现象不足为怪，因为毕加索是20世纪全世界最重要的美术家。为什么说是"最重要的"而不说他是"最伟大的"呢？原因很简单，那就是：在世界上，固然有很多人喜欢他，但也有很多人讨厌他，不管对他是什么感觉，他们都承认毕加索在美术史上的巨大作用和他在20世纪西方美术领域无人能替代的地位。

的确，要选出一个能代表20世纪西方美术乃至世界美术成就的人，哪怕觉得为难，或许最后还得投他一票。

关于毕加索的生平，这里不再赘述，我们只以一幅被称为"划时代的作品"，题为《阿维尼翁的少女》的裸女画为例予以说明。

《阿维尼翁的少女》仅从选材来说，承继了西方绘画史上女裸体这个极为重要和古老的样式，但在实质上，这幅画却对这一样式的"优美"传统发出了致命的一击，它以狂野怪异的形态有力地喊出了一种新的艺术追求："让风雅灭绝吧！"

在这幅画中，有五个大小超过真人的裸体姑娘直逼人的眼球，她们虽然是在画面中，但给人的感觉是活灵活现的。纵然，她们的形体不是特别的逼真，没有什么曲线和比例，而且所有的人就像是碎片拼凑的。而右边两个人的面孔更背离实情和常规，非常丑、非常怪，让人感觉害怕。而这整幅画中，根本没有什么空间感可言，整个就是乱七八糟的感觉。他的这种处理技巧虽然给人"混乱"的感觉，但它是毕加索不断探索的结果，这是毕加索独特艺术修养的体现。

无论是东方文明，还是西方文明，要想获得发展，必须要不断变革和创新。而西方美术发展史正是证明了这一点。那些革新者不断启迪着其他的追随者，使得各方面得以不断进步。而毕加索就是革新者中的一位。

《阿维尼翁的少女》刚出现时，就连毕加索那些最为前卫的朋友也有些难以适应，但是它的影响不知不觉扩展开去。今天，这幅迎合了新审美要求和趣味的作品已是现代主义公认的少数经典中的经典之一，美术史书通常把它诞生的时期当作"立体主义"出现的标志。

一位毕加索的传记作家曾经用"光荣与孤独"来概括他生活的最后阶段,这一概括不无道理。正是因为他"光荣与孤独"的与众不同,才使他从20世纪50年代中期到70年代初期,始终享受着世人的崇敬,几乎被奉为神一般的人物;另外,他日益回到自我的天地,沉醉于随心所欲的创作中,而随风赞美他的许多人并不能真正与他的心灵沟通。尽管受着种种家庭纠纷的缠扰,尽管身体状况也不如以前,可他的创作活动仍丰富多彩,并且带上了更多的"游戏"色彩,仍然表现着这位艺术家的与众不同。

在毕加索的一生中,还有一件值得我们大书特书的事情。晚年的毕加索所处的时代,正是两大阵营对抗的时代,但他却能凌驾于苏美之间的纷争,在全世界获得承认。1962年,苏联政府第二次授予他"列宁和平奖金",纽约现代美术馆则为他举办了庆贺80大寿的展览。发生在同一年的这两件事,标志着冷战双方都把手伸向了这位20世纪艺坛的巨人。1971年秋,为庆祝他的90寿辰,法国为这位大艺术家举办了一个难得的庆祝会,蓬皮杜总统亲临卢浮宫,为展出的8幅毕加索作品剪彩。

从毕加索的《阿维尼翁的少女》和他晚年受到两个不同阵营的共同尊重这件事,我们可以清楚地看出,毕加索正是由于卓尔不群,由于

与众不同，才取得了一位艺术家所能达到的最高成就！

用创意思维激发创造力

无中生有是指"无风起浪，惹是生非"或"造谣生事，兴风作浪"，说的是一种唯恐天下不乱的心理。但是从计谋或计策的观点看，"无中生有"则是所谓"创造力的发挥"，它的意义是积极的、正面的，它的用途是至多的、无限的。

一个暴风雨的日子，有一个穷人到富人家讨饭。

"滚开！"仆人说，"不要来打搅我们。"

穷人说："只要让我进去，在你们的火炉边烤干衣服就行了。"仆人以为这不需要花费什么，就让他进去了。

这个可怜人，这时请求厨娘给他一口小锅，以便他煮点儿"石头汤"喝。

"石头汤？"厨娘说，"我想看看你怎样用石头做成汤。"于是她就答应了。穷人便从口袋里掏出路上找来的石头，把它洗净后放在锅里煮。

"可是，你总得放点盐吧。"厨娘说，她给他一些盐，接下来又陆续给了他豌豆、薄荷、香菜。最后，又把能够收拾到的碎肉末也放在汤里。

当然，您也许能猜到，这个可怜人后来把石头捞出来扔回路上。美美地喝了一顿肉汤。

如果这个穷人对仆人说:"行行好吧!请给我一碗肉汤。"会得到什么结果呢?

所以,坚持下去,方法正确,你就能成功。

创意,要求你独具匠心地"悟",别出心裁地"悟",独树一帜地"悟",推陈出新地"悟"。"悟"出超越自己、超越他人的东西,"悟"出自己没有、他人也没有的东西。

联系到现代的企业经营,企业经营事实上就是创造力的竞赛和战争。企业的经营者如果能够充分发挥主观能动性,把创造力做恰当的运用,就可能从"无"中生出"有"来,产生意想不到的效果,给自己带来滚滚财源。

圣诞节前,尽管寒风刺骨,冷气逼人,但玩具店门前却通宵达旦地排起了长龙。这时,人们心中有一个美好的愿望:领养一个身长40多厘米的"椰菜娃娃"。

"领养"娃娃怎么会到玩具店呢?

原来,"椰菜娃娃"是一种独具风貌、富有魅力的玩具,它是奥尔康公司总经理罗杰斯创造的。

通过市场调查,罗杰斯了解到,目前玩具市场的需求正由"电子型""益智型"转向"温情型",他当机立断,设计出了别具一格的"椰菜娃娃"玩具。

与以往的洋娃娃不同,以先进电脑技术设计出来的"椰菜娃娃"千人千面,有着不同的发型、发色、容貌,不同的鞋袜、服装、饰物,这就满足了人们对个性化商品的要求。

另外,"椰菜娃娃"的成功,还有其深刻的社会原因。越来越高的离婚率给儿童造成心灵创伤,也使得不到子女抚养权的一方失去感情的寄托。而"椰菜娃娃"正好填补这个感情空白,这使它不仅受到儿童们的欢迎,而且也在成年妇女中畅销。

罗杰斯抓住了人们的心理需要大做文章,他别出心裁地把销售玩具变成了领养"娃娃",把它变成了人们心目中有生命的婴儿。

奥尔康公司每生产一个娃娃,都要在娃娃身上附上出生证、姓名、手印、脚印,臀部还盖有"接生人员"的印章。顾客领养时,要庄严地签署"领养证",以确立"养子"与"养父母"关系。

经过对顾客心理与需求的分析,罗杰斯又做出了创造性决定"配套成龙"——销售与"椰菜娃娃"有关的商品,包括娃娃用的床单、尿布、推车、背包,以及各种玩具。

领养"椰菜娃娃"的顾客既然把它当作真正的婴孩与感情的寄托,当然把购买娃娃用品看成是必不可少的事情。这样奥尔康公司的销售额就大幅度增长。

如今,"椰菜娃娃"的销售地区已延伸到英国、韩国和中国等国家和地区。罗杰斯正考虑试制不同肤色及特征的"椰菜娃娃",让它走遍世界,以保持奥尔康公司在玩具市场上首屈一指的地位。

奥尔康公司靠发挥自己的想象力,虚构了惹人喜爱的"椰菜娃娃",它又引发了一系列衍生产品的诞生,"无中生有"使得奥尔康公司受益无穷。

创意思维与常规思维相比,最本质的差异在于常规思维通常都是逻辑思维。而创造性思维除了逻辑思维外,还包含了各种形式的非逻辑思维。

创造活动通常包括发现问题、解决问题与实施完成等步骤。为了实现创新,创造性思维的最大特点是追求与众不同的独创性,逻辑思维与非逻辑思维的密切结合就可以帮助我们灵活地运用各个思维要素来恰当地、合理地发现与解决问题。

创意思维具有十分重要的意义与作用,特别是在企业经营中。美国IBM公司的总裁托马斯·沃森认为,IBM公司的成功既不是靠资源的调配,也不是靠研究部门或推销部门的勤奋,主要是靠全体职员开动脑筋进行独立思考。沃森指示,在IBM的所有厂房和办公室内都挂着写有

"思考"两个字的牌子,以便随时提醒人们什么事是最重要的,不要因为每天的杂务而忘记了思考。无论大会小会,只要沃森到场发言,总要把"思考"的牌子挂在身后,似乎在对听众说:"如果你们没听清我的发言,至少应该记住'思考'两个字。"

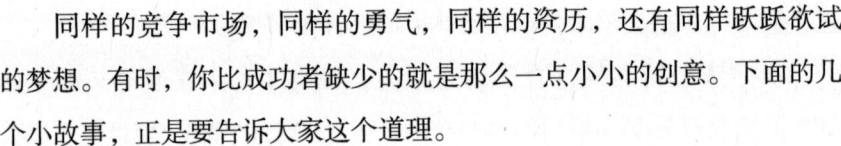

活出富有创意的人生

同样的竞争市场,同样的勇气,同样的资历,还有同样跃跃欲试的梦想。有时,你比成功者缺少的就是那么一点小小的创意。下面的几个小故事,正是要告诉大家这个道理。

1. 追到我,我就是你的

"减肥"是令许多人望而却步的难事,是许多胖子的大难题。但有一家减肥健美俱乐部却效果显著,久负盛名。

一天,一位胖男子慕名而来,他已有过多次失败的经历了。他抱着最后一试的态度问教练,他该怎么办。

教练记下了他的地址,然后告诉他:"回家等候通知,明天有人告诉你怎么做。"

第二天一早,门铃响了,一位漂亮性感的青年女郎站在门口,对胖子说:"教练吩咐,你要能追到我,我就是你的。"胖子大喜,从此每天早晨都在女郎后边狂追。

如此数月下来,胖子已逐渐身手矫健起来,他早都忘了这是减肥,只是想一定要把那姑娘追到手。

直到有一天，胖子心想：今天我一定能追到她了。他早早地起床，门铃响了，那位姑娘没来，来的是一位同他以前一样胖的女士。

胖女士对他说："教练吩咐，我要能追到你，你就是我的。"

虽然这只是一个笑话，但它却告诉我们，不妨"偷换概念"，把一些艰苦的过程变得轻松有趣起来，这样你就能更好地坚持下去。

看看成功者的第一步，你会发现，最大的财富，或许就在你的头脑里沉睡。

2."迷你"汉堡

我们比的不是创意有多新鲜，而是有多符合市场。

美国的汉堡店随处可见，麦当劳、肯德基等名店早已占领了市场，几乎没留下什么空间。可是，凯立·里布曼和杰克·里巴克两个年轻人新开的汉堡店，却大受欢迎。

同行们猜测：他们一定增加了新口味，烘焙的方法有特色或有新颖的促销方法……其实，答案很简单，他们出售的"迷你"汉堡，无非体积比其他店的汉堡小一码而已。

在开店做老板之前，凯立和杰克曾经任职于一家广告公司，当时是公司的市场调查员。多年的工作经验使他们认识到：所有竞争激烈的行业都是有"漏洞"的，其他的人能够趁机钻进去，关键拼的就是创意。通过调查，他们发现，所有汉堡业的竞争者都是以增加汉堡的体积来与他人竞争，殊不知，社会的潮流趋势是以瘦为美。人们在吸引顾客的时候，虽然大汉堡可以让人们吃饱，但吃少的人却要付同样的钱，剩下的全部被浪费了。

为了满足"减肥"的人的需求，他们开了"'迷你'汉堡店"，这样，顾客就可以各取所需，自然而然他们的店受到了广大美国人民的喜爱。在良好发展的趋势下，"'迷你'汉堡店"也出现在了许多国家之中。

3. "懒人"的联想

其实世界上最伟大的发明都源于"懒人"。正因为他们想省更多的力气和时间办更多的事情，才有了一系列的创造性构想。

在人们参加聚会或者是走亲访友的时候，都喜欢送花。但这种活动往往是出现在人们下班时间，而此时花店早已打烊，于是在接到要求下班时间送花请求的电话时，花店老板史密斯先生就会非常头痛，一方面他想做这个生意，但天这么冷又不想出去，那怎么办呢？为了有好的信誉和更多的顾客，那就送吧。

在给顾客送花回来之后，他口渴难耐，于是就到自动售货机前买了瓶水。在瓶子滚出来的时候，他突发其想："为什么不发明一个自动售花机呢？"这样既不耽误自己的时间，还能在花店打烊后继续赚钱。

经过再三思虑，他决定着手开发研制。没想到在很短的时间内，史密斯先生就研制成功了。他在原有自动售货机的基础上将其体积扩大一倍，令箱体内保持适当的温度、湿度，外面是玻璃，可以看到鲜花和盆花，售价为5～10美元不等，投钱按钮就能取花。其实这跟自动售货机的工作原理是一样的。

当史密斯先生把"自动售花机"推向市场之后，受到了大众的欢迎。在医院、养老院、餐馆、公寓附近，史密斯都设立了自动售花机。另外，他还添加了"干花"的销售，此后，他每天需要做的就是准备一卡车的花卉货物定时补充调换。这给史密斯先生带来了丰厚的利润。

4. 从"我"普及"我们"

富含商机的创意就是满足各种心理需要，甚至包括他们潜意识里的需要。

杰米曾是一名出色的棒球运动员，退役后先后换了几个工作都不如意。有一天，他整理旧物，发现了印有自己肖像的口香糖包装纸，甜蜜的记忆涌上心头。

当时他刚刚进入棒球队，首次代表球队出赛。但是，家乡的人都

不相信，认为他在吹牛。当这些话传到自己的耳朵之后，他非常不高兴。当时有家口香糖制造商为了打开销路，将职业棒球选手的肖像印在口香糖的包装纸上，拿到比赛场地推销。在他比赛取得胜利之后，他的头像就被印在了口香糖的包装纸上。杰米就是拿着这些口香糖来证明了自己的实力。

现在，他能不能也效仿此举呢？在生日、婚礼或者其他隆重的宴会上，将印有主人肖像的口香糖分别送给来宾们，不仅增添喜庆气氛，而且很有纪念意义。

杰米将自己多年的积蓄全部投入，结果订货的人络绎不绝。50个一盒的口香糖要价25美元，客户也欣然接受，当年的营业额就高达百万美元。如今，杰米的口香糖营业额，占全国口香糖市场营业额的80%左右。

创意是别人想到的，而杰米却从"我"普及"我们"，将客户群延伸开来，关注到更多的人。因为他知道，不仅是棒球队员，每个人都需要一份过去生活的美好纪念，需要一份独特的鼓励。

5. 佛罗里达州响尾蛇村

一位住在佛罗里达州的快乐农民，当他买下农地时，心情异常低落，原来他的土地贫瘠，既不适合种植果树，也不适合种庄稼，甚至连养猪也不适宜。除了一些矮灌木与响尾蛇，什么都活不了。后来他忽然有了主意，他决定将负债转为资产，他要利用这些响尾蛇。于是不顾大家的惊异，开始生产响尾蛇肉罐头。之后的几年，几乎每年有平均2万名游客到他的响尾蛇农庄来参观，他的生意特别兴隆。他将毒液抽出后送往实验室制作血清，蛇皮以高价售给工厂生产女鞋与皮包，蛇肉装罐运往世界各地。甚至当地邮局的邮戳都盖着"佛罗里达州响尾蛇村"，可见当地人很是以这位快乐的农民为荣。

上面的小故事告诉我们，不要误以为创意思维只是大企业的专利，也不要误以为只有在重大问题上才值得我们绞尽脑汁地去思索。

在社会的任何一个角落，在我们日常生活的每时每刻，创意思维都能够施展手脚，并且获得应有的报偿。

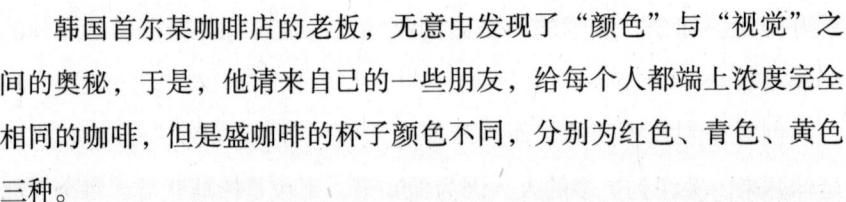

利用创意，为自己服务

韩国首尔某咖啡店的老板，无意中发现了"颜色"与"视觉"之间的奥秘，于是，他请来自己的一些朋友，给每个人都端上浓度完全相同的咖啡，但是盛咖啡的杯子颜色不同，分别为红色、青色、黄色三种。

试饮结果，大家居然对浓度完全相同的咖啡得出了迥异的结论：用红色杯子的人都说"太浓了"，用青色杯子的人则说"太淡了"，用黄色杯子的人则认为"不浓不淡，刚好"。

咖啡店的老板依据这个实验结果，想出了节省咖啡用料的方法：他将咖啡店的杯子一律改成红色，这样一来，咖啡的用量减少了，却给顾客留下了"香浓"的印象，成了招揽顾客的好手段，从而赚取了更大的利润。

同样在韩国的首尔有一间小茶馆，生意非常兴隆。为了招揽更多的顾客，这家茶馆的主人就把茶馆四壁刷成了浅绿色，而且还装饰了一些名人字画。谁知这样虽然使茶馆座无虚席，但收入却比之前减少了很多。老板弄不明白这到底是为什么，于是请教一些学者。原来，在茶馆涂成浅绿色之后，人们更愿意在这里享受雅致，所以待的时间更长了，虽然看着人很多，但顾客却少了很多。

于是，茶馆老板把墙壁又变成了赭红色，茶馆依旧门庭若市，营业额也恢复到了以前的水平。

而一家美国餐馆对于色彩的利用就更巧妙了：

这家餐馆设在闹市区，价格便宜，服务热情周到，可不知道为什么用餐的客人却寥寥无几，生意一直不好。

餐馆老板只好去求助一位心理学家，心理学家来到他的餐馆视察了一番，便建议他将室内的红色墙壁改成绿色，将白色餐桌改成红色。前来就餐的顾客果然大增，生意也兴隆起来。

餐馆老板向那位心理学家请教其中的秘密，心理学家解释说："红色使人激动烦躁，顾客进店后感到心里不安，哪里还有心情吃饭；而绿色却使人感到安定、宁静。"

餐馆老板忙问："那把餐桌也涂成绿色不是更好吗？"

心理学家说："那样顾客进来就不愿意离开了，占着桌子会影响更多的顾客来吃饭，而红色桌子会使顾客快吃快走。"

可见，"独特"的东西并不常有，除了有"利"的一面外，剩下的就是有"害"的一面了。

脑袋需要勤洗与更新

曾经有一位贵族，在出远门之前，把所有的仆人都叫到身边。平时，他对这些仆人的各方面情况都了解的比较清楚，所以按照他们的"本事"，给他们本钱，让他们去经商。等这个贵族回来之后，又把仆人叫到身边，要一一了解他们经商的情况。

第一个仆人说："主人，你给了我五千两银子，我已用它赚了一万两。"听他这样说，贵族真是高兴极了，于是赞赏道："不错，你还真有赚钱的本事啊！另外，你又忠诚于我，此后，你就做总管吧。"

第二个仆人接着说："主人，你交给我两千两银子，我已用它赚了两千两。"贵族听后也很高兴，对他说："你也可以帮我打点一些事情。"

而第三个仆人来到贵族面前，将原先贵族给他的一千两银子原封不动地交给了贵族，而且还说："尊敬的主人，看哪，您的一千两银子还在这里。我把它埋在地里，听说您回来了，我就把它掘了出来。"当时，贵族就变脸了。

"你这又恶又懒的仆人，你浪费了我的钱！"于是夺回他这一千两，赏给那个赚了一万两银子的仆人。

一个人最糟糕的就是不求进取，墨守成规，不敢变革。要打造生存的资本，就必须脑袋常洗、思想常新。事物是不断变化、发展的，人生也总得有所发现、有所创造，永不满足地积极进取，自强不息。在学习、劳动和工作中，永不满足于已有的成绩，总是看到不足，以成绩为起点，向着更高的目标积极进取，就会不断取得新的成就，在日新月异的进步中得到安乐和幸福。

一个人的思想决定了他的长相，只要我们知道他在想什么，就知道他是怎样的一个人。我们的生存方式，完全决定于我们的思想。如果我们想的都是伤感的事情，我们就会悲伤；如果我们想到一些可怕的情况，我们就会恐惧；如果我们想的都是失败，我们就会失败；如果我们沉浸在自怜里，大家都会有意躲开我们……为了改变我们的生存方式，增加我们的生存资本，就要突破思维，换一种思考方式，去创造、去变革。

"有志者事竟成"，这是创造性思考的根本，而"传统的观念"

则是创造性计划的头号敌人;"传统的观念"会阻碍你的进步,干扰你进一步发展所真正需要的创造性能力。我们需要打破思维的定式,锻炼创造性思维,使思维敏锐起来。而生活中的一些人永远都无法让思维敏锐起来。因为,他们并不能领会到微妙细致的情感,他们自身通常就是粗枝大叶、感觉迟钝的,因而也就无法理解那些思维敏锐的人。一位成功人士,他总能采取一些特殊的方法,促使自己的灵感得到激发,并由此做出一些有效的事情。

思维是人类生存的灵魂。一个不会"思想"的人,必定活得暗淡,活得平庸,活得无味。

每个人都有令自己意想不到的创造力!但是很多时候我们似乎就是无法将其完全释放出来。可能你绞尽脑汁也想不出什么好主意。那么,你应该如何激发出自己的创造力来呢?这里给你几个小建议。

1. 不要冥思苦想

发挥创造力并不需要用你左脑的分析功能,它蔑视逻辑、挑战常理。集中精神专心研究并不能唤醒你的创造力。你在投身工作时,放松一下你左脑的逻辑推理,哪怕只有那么一小会儿你可能就会有一个好创意。

2. 换一个工作地点

离开你的工作台到一个让你觉得放松的地方——可以是一个阳光充足的地方,找一把舒服的椅子,然后坐那儿享受一小会儿。这些问题常会帮助我——"是什么东西启发了我?""我在我的作品里要启示别人什么?"此时我会放松自己,自然地深呼吸。

3. 写意识流

完全甩开理性分析、客观判断、语法结构等,只是写下任何想到的东西,将你的思想全部倾注到一张纸上。

4. 做一张"思维"地图

这是一种很有创造性的游戏,写下一个想法然后由其延伸到下几个想法,然后再各自延伸开去。这是一个很有意思的游戏,它可以锻炼你的左右脑一起参加运动。

5. 静思

深呼吸,释放所有压力,然后开始静静地思考。深呼吸可以使精神和身体同时得到放松。放弃理性思维,而右脑在你停止逻辑思维时会高效地工作。

在这个世界上,聪明的人并不少,而成功的人却总是不多。很多聪明的人之所以不能成功,就是因为他们在已经具备了不少可以帮助自己走向成功的条件时,还在期待能有更多一点成功的捷径展现在自己面前。而能成功的人,首先就在于从不苛求条件,而是竭力创造条件——就算他只剩一只眼睛可以眨。

劳力士的成功

在德国巴伐利亚的一座小城里,有一个叫菲尔德的钟表匠。他因为有精湛的制表技艺而在小镇上享有盛名。为了获取更加丰厚的利润,也为了能在自己的专业技术领域有所突破,菲尔德决心开发出一款新式的手表。这款手表一定要非同寻常:不但防水,而且是全自动的机械表。同城一位名叫汉斯·威尔斯多夫的钟表商得知这个消息后,看到了巨大的商机,于是急急忙忙地找到菲尔德,告诉他自己对这个想法很感兴趣。

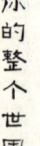

威尔斯多夫真诚地说:"菲尔德先生,我聘请您到我的公司来当

技术总监怎么样？"仗着自己拥有专业技术的菲尔德并不理会威尔斯多夫，在他看来，威尔斯多夫不过就是一个钟表匠，论技术比自己差远了。威尔斯多夫不愿意轻

易放弃，于是继续劝说菲尔德："只要您出个价钱，我愿意购买您研制手表的技术。""不，"菲尔德拒绝道，"我不会受眼前利益的诱惑而放弃自己的追求，我的理想是要做出一款世界上最好的手表。"

钟表商人威尔斯多夫听了这句话之后，内心产生了深深的恐惧感，因为事实是，在钟表匠菲尔德还没有研制出这款手表的时候，他就已经抢走了自己很多生意。这款新式手表一旦研制成功，毫无疑问威尔斯多夫的商店利润将大大下降。商人敏锐的市场观察力告诉他：一定要阻止这件事情发生。如果不能购买菲尔德的技术，那就一定要在他之前将这款手表研制出来。但是，谁能比菲尔德先研制出手表呢？威尔斯多夫一下子陷入了一筹莫展的境地。就在此时，威尔斯多夫意外地得到了一个消息：菲尔德不仅研制手表，还制作草帽。威尔斯多夫冥思苦想一段时间之后，竟然想出了一个好办法，他吩咐助手立即向菲尔德大量订购草帽。助手对于他的做法有些莫名其妙："先生，您要的不是他的制表技术吗？现在怎么订购起他的草帽来照顾他的生意呢？我不明白您的意思。"威尔斯多夫微笑着说："你想啊，如果出售草帽的利润很高，超过了一块手表的价值，那菲尔德就不会再费尽力气去研制手表了。"不出威尔斯多夫所料，菲尔德在收到威尔斯多夫下的草帽订单后，就暂停了对手表的研制而专心致志地编制起草帽来。趁着菲尔德分心的空当，威尔斯多夫夜以继日地研制那款具有"防水""自动"功能的新型手表。很快，威尔斯多夫就将这款手表研制成功了，他给这款手表取名为"劳力士"。

当劳力士手表问世时,竟然很快占领了手表市场。威尔斯多夫这时才指着自家后院堆积如山的草帽告诉菲尔德,这就是他成功研制出新款手表并取得成功的原因。

当我们遭遇强劲对手,事情仿佛处于穷途末路的时候,记得千万别慌张。所谓"绝处逢生"是有一定道理的,很多人在身处绝境的时候只要冷静下来,并稍微转换一下思维,就一定能找到一个成功走出困境的办法。

书中自有黄金屋

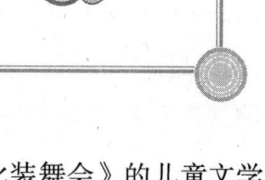

英国人迪特·威廉姆斯创作了一本名为《化装舞会》的儿童文学读物。为了吸引读者,进而增加书的销量,他故意在书中设置了一些谜语,让读者根据书中的文字提示和图画猜测一件"宝物"的埋藏地点。威廉姆斯还公开宣告,这件"宝物"是一只巧夺天工、价值不菲的纯金野兔。

不出所料,《化装舞会》一上架就迅速刮起了一阵寻宝的热潮,数以万计的青少年甚至各种身份的成年人都对这本书产生了浓厚的兴趣。他们按照自己在书中得到的启示,前往英国各地寻宝,有的人甚至坚持了长达两年之久。

最后,一位白发苍苍的工程师在伦敦西北部的浅德福希尔村找到了这只纯金野兔,一场声势浩大的寻宝活动就此才宣告完美落幕。也正是因为宝物和这种独特的寻宝方式的吸引,《化装舞会》的销量突破了

300万册，创下了当时非主流读物的最高销售纪录。

4年之后，威廉姆斯"故技重演"。他夜以继日地精心策划了一本只有30页的小薄册子，其中描述的是一位养蜂人与四季变化的故事，还附有16幅彩色插图。这本书还有一个奇特之处——这是一本没有名字的书。此书出版发行后，威廉姆斯声称，深奥的谜语就隐藏在书的字里行间和彩色插图中，而谜底则是这本书的名字。

1984年5月25日，这部独特的作品在7个国家同时发行。威廉姆斯对公众承诺：只要有人猜中了书名，不分国籍、肤色、性别、年龄，都可以得到一件镶着各色珍贵宝石的金蜂王饰物。

读者们把猜到的书名运用绘画、雕塑、歌曲，甚至编入电脑程序的形式表现出来。威廉姆斯从读者寄来的各种东西中领悟读者所要表达的信息，并将其转译成文字。虽然谜底并不难，但是只有最富想象力的读者才能得到那件精美的饰物。

届时，他将从一个密封的匣子中取出那唯一一本印有名字的书，而匣子中还藏着那件众多读者梦寐以求的金蜂王饰物。这是一种多么浪漫的作者与读者之间的沟通方式啊！

结果，不到一年的时间，这本小册子在全球的发行总量就超过了2000万册。最终是谁得到了奖品已经不重要，重要的是威廉姆斯本人再次成为了这次游戏的最大赢家。他正是通过这种极具诱惑力与新奇感的创意而扬名于世，并让自己一跃成为了大富豪。

好的创意总是会有出人意料的效果。创意的价值所在，其实也是智慧价值的体现。聪明的人未必有创意，但有创意的人一定是聪明的。创意所拥有、所能制造出的价值是无极限的，一个好的创意，往往能使我们在通往成功的路上开辟出一条捷径。

中规中矩难出创意

创意往往存在于协调与不搭调之间，在中规中矩的逻辑里，往往很难找到创意。一切顺理成章，习惯成自然的事务，怎么抓得住人的五官和心灵呢？所以，如果能够让别人产生一种惊愕的感觉，也就抓着了创意！

毕加索的成名主要是靠着才气横溢的独特创意。他的名画《和平》，鸟在鱼缸里，鱼却在鸟笼中。毕加索对这幅画的解释是，在和平的时候，什么事都有可能会发生。当然，创意就存在于这种不协调之间，如果鸟、鱼各归其位，也就没什么稀奇的了。

行销是最能表现创意的了，只是，有许多行销人员并不知道，将"创意"用于商业之上可以产生奇妙的功效。每当谈及创意的时候，一般人往往会认为这是艺术家、文学家，或者是广告从业人员所要注意的事情。其实，这是非常错误的观念，因为做任何事情，甚至居家生活都应该有好的创意，创意让人拥有即快乐又不平凡的人生。在商业上，也只有"创意人"可以为自己制造更多的机会。这也就是为什么有些人能够脱颖而出，成就非凡的原因了。

在大都市的闹区之中还能登山，你信不信？

这是日本太阳工业公司老板能村龙太郎的好点子。他在公司的10层外墙上，建筑了一个植满草、树木、青苔、枝藤的悬崖峭壁，这个可供攀爬的奇景吸引了络绎不绝的客人。当然，大楼内的商店营业额剧增，更妙的是，龙太郎在"峭壁"旁开了一家登山用品店，前来攀崖并且选购登山用品的客户终年不断，营业额是全东京之冠。

"肮脏牛排店"，光听这个名字就觉得不对劲，更何况当走入这家美国的牛排馆时，你会发现天花板和墙壁上到处是厚厚的灰尘，昏暗的煤油灯在角落里无精打采地照着，粗制滥造的木头桌椅，再加上四处摆的一些印地安人的牛绳、牛仔帽、木雕和一些锄犁等家具。厨子和侍者的工作服脏兮兮的，像是从来不曾洗过。

如果你刚下班打着领带进入这家店可就要注意了，因为脏兮兮的侍者会走过来，趁你不注意的时候，忽然拿出一把剪刀，"喀嚓！"一声就将你那条漂亮的领带给剪下来挂在墙上。你一定会吓一大跳，但是在发脾气之前请先看看四周，因为墙上早已挂满了各式各样被剪下来的领带了。这个怪气的牛排店所订的规矩，就像它的外表一样蛮横。

可是，这家牛排店的生意好得不得了，不但终日座无虚席，而且如果没有事先预约，可能要在外面等位子。

原来这是这家牛排店的噱头，肮脏都是假的，灰尘、脏衣服都是伪造的，只是想引起人们的好奇心罢了。其实，牛排馆的食物好吃极了，再加上特意制造的轻松、复古的气氛，使人不由自主地想再踏进这家店。即使在不知情下被侍者毫不留情地剪下领带，也会在喝下餐馆经理接着送过来的一杯名酒，再看看自己被挂上墙的签名领带之后，不由得开怀大笑。

晓芬在一家广告公司做了快两年，可是觉得有些泄气，凭着著名大学本科的学历进入这家公司，她很希望能好好表现一番，可是始终拿不出可以让她扬眉吐气的成绩来。

最近，一位比她资历还浅的学妹，竟然因为一个很有创意的案子，不但让客户十分满意地和公司签下了长期合约，而且还得到了广告创意大奖。晓芬觉得颜面有些挂不住了，心灰意冷地打算辞职另找其他性质的工作。

"我太笨了！可能不适合干这行。"因为心情不好影响到身体，晓芬擤着鼻涕坐在医院的候诊室里，心中还不住嘀咕。

"广告学的理论我都背得滚瓜烂熟，技术也不输人家，可是为什么做出来的东西都是那么死板？"想着想着，晓芬不由自主地叹了口气。

她使劲儿擤着鼻涕，两眼无神地望着前方。医生迟到了，匆匆进入诊疗室。忽然，晓芬捏皱了口袋中拟好的辞职信，站起来就往外走。

过了几个星期，晓芬的广告公司推出了一个电视广告：

一位身穿手术衣帽并戴着口罩的大夫，正紧皱眉头专心动手术，四周的气氛紧张而凝重。护士不停为医生擦拭额头上的汗。只见他伸手接过一只剪刀，再一伸手接过一把刀子，过了一会儿又一伸手接过一个瓶子往下倒……医生手持瓶子，拉下口罩，注视着自己的杰作，满意地笑了。

镜头一转，他的杰作竟然是一锅让人垂涎三尺的螃蟹。

这时唯一的一句旁白响起："只有××牌调味料，才能让你大显身手！"

这个佳作可是让晓芬得意的创意点子。

第六章 灵机一动，触发创造的神经

瞬间感觉，激发创造的奇思；灵机一动，触发创造的神经。人人都有创造力，创造性不仅仅只是限于少数天才，每个人都有潜在的创造力。创造力的运用、自由的创造活动，是人类进步的阶梯，人在创造中能够找到自己真正的幸福。

灵感，来自爆发的力量

德国科学家亥姆霍兹曾经说过："在对问题进行了各方面的详细研究之后，巧妙的设想会不费吹灰之力地意外来临，犹如灵感。"

我们大多数人都有过这样的体验：我们遇到了一个问题，百思不得其解，但是在某个时候，因为某个事件的触发，突然就有了解决这个问题的清晰的想法。这就是灵感思维。

灵感思维是人脑在某种情况的触发下，有意或无意地突然产生某些新的形象、新的思想，使一些长期悬而未决的问题突然得到启发或得以解决的思维方法。

我们可以在定义里找到灵感思维的两个重要特点，一是"长久思考却未能解决"，二是"突然出现新的形象、新的思想"。灵感思维的出现是以长期的努力付出为前提和基础的，世界上很多伟大的发明和优秀的文艺作品都是创造者顽强的、坚韧的创造性劳动的结晶。如果没有大量的准备工作，根本不可能有任何灵感的产生。灵感是一种在创造性工作中心理、意识方面的质变。简而言之，灵感是长期酝酿的爆发。

2000多年前，叙拉古国王希罗要阿基米德在不损害王冠的情况下检验其中是否掺有其他金属，这个任务难倒了阿基米德。

阿基米德知道最重要的问题是把皇冠的体积测出来，但王冠的形状太复杂了，他茶饭不思地对这个问题思考了很久。一天，他坐在澡盆中洗澡，水溢出来的现象一下子就触动了他——那溢出来的水，不就是自己身体浸在水里部分的体积吗？

阿基米德由此得到了启发，于是他首先称了王冠的重量，然后找来相同重量的纯金。最后，他把二者都放到装满水的盆子中。阿基米德发现王冠和纯金放进盆子后溢出来的水的体积不一样，因此断定王冠被掺了假。在此基础上，阿基米德发现了著名的浮力定律。

灵感是人们头脑中普遍存在的一种思维现象，同时也是人类能够自觉地加以运用的思维方法。运用一定的技巧，灵感就有可能被人们所捕捉和利用。

1. 顿悟型灵感

顿悟型灵感是一种突然的感觉或理解，它是由疑难而转化为顿悟的一种特殊的心理状态。

苏联教育家马卡连柯花了30年时间搜集和整理了丰富的创作材料，但是却迟迟难以下笔——他还没有写作的灵感。直到有一天，他在跟卡米罗·高尔基进行交谈的时候，突然产生了灵感，茅塞顿开，继而创作了《生活之路——教育叙事诗》一书。

顿悟型灵感的最大特点是自我实现。跟其他类型的灵感不同，它可能跟其他人和事没有任何关系，只是自己的思考已经成熟，是一个瓜熟蒂落、自然而然的结果。

2. 启示型灵感

受到别人或者某种事物或事件的启示而激发的创新型思维，称为启示型灵感。启示型灵感十分普遍。

19世纪20年代的英国想要在泰晤士河修建世界上第一条水下隧道。但在松软多水的岩层挖隧道很容易塌方，因此无法施工。一天，一位工程师正在思考这个问题时，无意间发现一只昆虫在坚硬的外壳保护下钻进了很硬的橡树皮里。工程师突然得到了启发：他决定采用小虫子的办法，改变以往先挖掘、后支护的做法，而是先将一个空心钢柱体（构盾）打进岩层中，然后再在这个构盾下施工。这一方法成功地解决了水下作业的问题。

能够启发人们灵感的事物有很多，要如何才能利用这些事物呢？最好的办法就是不轻易放过每一个对我们有用的现象。

一位美国科学家在河边钓鱼时，发现一只静伏在石头上的青蛙总能够准确无误地捕捉到从它面前飞过的昆虫。科学家对身手敏捷的青蛙十分感兴趣，从此以后，他用了两年的时间来研究青蛙眼睛的构造，结果发现青蛙的眼睛和人类的眼睛有很大的不同。通过进一步的研究，他制造出高精度的电子蛙眼。后来，美国空军用20万美元将这个发明买了下来，因为它比雷达能更准确地捕捉以1.6万千米时速飞行的东西。

3. 触发型灵感

触发型灵感指在对某个问题进行了较长时间的探索和思考之后，接触到某些事物，这些事物引出了所思考问题的答案或启示在头脑中突然出现的思维方式。

加拿大人詹姆士·奈史密斯博士是美国一个学校的体育教师。他在体育教学的过程中发现有些学生对室外体育运动——如跑步——并不感兴趣，于是就想发明一种全新的室内运动，但是一开始他的思路老打不开。一天，当他看到竹篮的时候，突然想到是不是可以发明一种把球投入篮子的运动呢？后来，他根据这一灵感设计出了"篮球"这一运动项目。

从竹篮到篮球，看似十分简单，但是如果没有经过长期的思考准备，这种灵感恐怕不容易出现。

4. 遐想型灵感

遐想型灵感指的是在紧张工作之余，让大脑处于无意识的放松的状态，在休闲情况下产生的灵感。有人曾经对821名发明家进行了调查，结果发现在休闲场合产生灵感的比例比在紧张工作的时候要高。这种调查为遐想型灵感提供了事实基础。

许多科学家、艺术家在进行创造发明、创作的时候，都有这种灵感现象的出现。爱因斯坦关于时空的深奥理论是在病床上想出来的，生物学家华莱士关于进化论中自然选择的观点是在他患疟疾期间想到的。

当然，遐想型灵感并不是我们只要睡觉做梦、游玩散步就能产生的。相反，思想的惰性、思维的惯性和保守性都是灵感产生的障碍。进行大量的积极思考、付出辛勤的劳动，这才是遐想型灵感产生的重要基础和前提。

5. 梦幻型灵感

科学研究表明，人们在进入睡眠之后，意识会慢慢停止，潜意识浮现出来——这就是梦。梦幻型灵感即是从梦中情景获得有益的认识，推动创新的进程的一种灵感形式。

许多小说家的一些很有名的作品都是源于梦中的情景。英国推理小说家史蒂文森的名著《化身博士》就是源于一个梦中的情节，他曾在自己的传记中说过，他的大部分创作灵感都来自于梦境。史蒂文森习惯每晚睡前给自己的潜意识特别的提示，让梦境详细地延续下去。日本小说家吉行淳之介、齐藤荣等，也经常把梦中的故事写成小说。

爱因斯坦几乎每天都睡午觉，这可以算是他的另一种工作形式。当想不通一些问题的时候，他就会盖住被子大睡，让梦中的灵感为他解答疑问。他在1905年发表狭义相对论之前，曾经花了很多年时间对这个问题进行思考，但是有一些疑问仍然无法得到解答。一天，他躺在床上睡着了，突然被一道灵感惊醒，他马上起来记录下来。几周后，一个伟大的理论诞生了。

梦幻型灵感并不是玄之又玄的东西。弗洛伊德关于梦的研究告诉我们，梦其实就是协助大脑将白天吸收的信息做文件储存和整理分类的工作。睡梦中的你的逻辑思维已经停止，但是潜意识却一直在辛勤地工作。

成功往往在于灵机一动

1944年12月,也就是第二次世界大战中,美军和德军在卢森堡开始两军对垒,一场惊天动地的恶战一触即发。

指挥这场战役的美军最高司令长官巴顿将军,于一天凌晨4点钟把秘书叫到办公室。

秘书进门后,见巴顿上半身穿着军服,下半身穿着睡衣,如此"衣冠不整"的巴顿将军匆忙起床,必有极其重要的命令要口授。

巴顿如此"狼狈",是因为他忽然想到,德军在圣诞节时将会在某个地方发起进攻,于是他决定先发制人。巴顿向秘书下达了立即向德军发起进攻的命令。

果然不出巴顿所料,几乎就是在美军发起攻击的同时,德军也发起了进攻,由于美军占了先机,终于有效地把德军阻止在冰天雪地之中。

过了一两天,秘书不解地问巴顿:"您是怎么预感到德军要攻打我们的?"

巴顿扬扬得意地一笑:"老实对你说吧,那天我是一点都不知道德军要来进攻的。"原来那天早晨3点钟,他无缘无故地醒来时,脑中突然想起了这事。"像这样的主意究竟是灵感还是失眠的结果,我不敢说我知道,以往的每一个战术思想几乎都是这样突然出现在我的脑海里,而不是有意识地苦思冥想的结果。"这次军事行动,不过是巴顿将军"突然灵机一动"的又一次表现!

通过上面这个世界现代军事史上著名的战例,我们来分析一下,灵感是否具有如下的特征。

(1)突然来临。这主要是因为,灵感的产生是潜思维和显思维的一下子接通,是潜思维将其思维成果突然输送给显思维,在此之前,思考者还未觉察到潜思维在积极活动,自以为停止了思考,正在休息呢,怎么也想不到头脑中又一下冒出了问题的答案来。这不能不使人感到灵感来临的突然。灵感都具有突发性,只是它们的程度各不相同。

灵感的突然来临,不同于一般的某个念头的突然闪现。忽然想起的某件事或某个人,这并不是灵感,因为它不具有创造性。

(2)灵感的突然出现常伴随着激情。头脑中灵感的出现,是意识活动的爆发式的质变、飞跃,是令人豁然开朗,茅塞顿开的思想火花,是智慧之光的瞬间闪烁,是神经活动一下进入兴奋的状态。因此,随之而来的必然是情绪高涨,身心舒畅,甚至进入一种如痴如醉的状态。德国著名诗人歌德曾这样描述过他获得诗歌创作灵感时的情景:"诗意突如其来,我感到一种压力,仿佛非把它写出来不可,这种压力就像一种本能的梦境冲动,在这种梦游症的状态中,往往面前斜放着一张稿纸而没有注意到,等注意到时,上面已写满了文字,没有空白可以再写什么了。

(3)不受控制。灵感是你想什么时候要,它就招之即来的。它的出现,在时间、场合上,都不依照人们的规定和想象。德国哲学家费尔巴哈曾说过:"灵感是不为意志所左右的,是不由钟点来调节的,是不会依照预定的日子和钟点迸发出来的。它常常和人们开玩笑,你千唤万唤,他偏不光临,一点都不给面子;你没有想它,它又偏偏不请自来,完全不管你的愿意与否。正如那句大家熟悉的谚语所说:"有心栽花花不开,无心插柳柳成荫。"

(4)不明踪迹。灵感是潜思维将其思维成果在一瞬间奉献给显思维。由于人们对潜思维的存在及其活动本来就一无所知，毫无察觉，因此灵感的突如其来，带给人一种神龙见首不见尾的神秘之感。

（5）一闪即过。它来也匆匆，去也匆匆。有如惊鸿一瞥，全然不管你是否能抓住它。

（6）模糊粗糙。古语曰：玉不琢，不成器。它是块玉，而不是精雕细刻的"器"。它只给您提供线索和启示，至于它最终以花鸟鱼虫，还是以仕女佳人的面貌出现，仍需你自己定夺，舍弃与存留，肯定与否定，存于你一心。

（7）难以重现。灵感不是已为人妇的媳妇和夫君拌了几句嘴而躲至娘家，一帮亲友一劝又回来了。它是初次约会的女友，一个照面，意觉不妥就"拜拜"溜之大吉，茫茫人海再也觅不到其踪。

掌握了灵感的种种特征，就如同你已经了解了一个人的脾气秉性。对于已经了解的事物，我们顺着它的性气去追求，去捕捉，也许就能轻而易举达到目的。

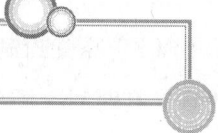

善于激发你的灵感

在相当长的一段时期内，有些人一旦听到"灵感"两个字，便不免警觉起来，在他们看来，灵感似乎是个神秘的东西，谁承认灵感的存在，谁就是承认神秘主义，他们把承认灵感与认识论上的唯心主义混淆起来，其实这是一种误解，以唯心主义观点看灵感的人是有的，他们把灵感解释为一种神秘的精神状态，有的人甚至把它归功于神的启示，或

者认为只有极少数"天才"才独有的东西，这些见解是错误的。古希腊的柏拉图就是从唯心主义看待灵感的，例如他对诗歌创作，就认为诗歌创作活动全靠诗神依附所产生的"迷狂"，他说："若是没有这种诗神的迷狂，无论谁去敲诗歌的门，他和他的作品都将永远站在诗歌的门外，尽管他自己妄想单凭诗的艺术就可以成为一位诗人"。可见，在他看来，诗和创造发明和灵感是神赐的，没有这种"迷狂"是永远不会创造的，而历史上许多事实已经证明，今后的事实也将会进一步证明，灵感的存在是需要自己来激发的。

在"二战"期间，由于德国、意大利、日本对各国的侵略战争尤为猖獗，由美国、苏联、英国等国家开始着手建立反法西斯同盟，为了名正言顺地反讨法西斯帝国，同盟国决定起草一份宣言，可当时这些国家领导人在一起研究了好多次，也起了不少名字，但都因为不够恰当而不得不放弃，有一天一大清早，罗斯福刚刚起床，便不顾及身份地大叫："我的上帝，终于让我想出来了！"于是他匆匆忙忙的去找丘吉尔，而丘吉尔正在洗澡，罗斯福便迫不及待地奔到浴室门口大声对着浴室里的丘吉尔喊道："亲爱的温斯顿，我终于想到了，你看《联合国宣言》怎么样？"丘吉尔听后非常高兴，从漂满香皂泡的浴缸里跳出来，像孩子一样地拍着白胖胖的肚皮叫道："太好了，真是太好了！"就这样罗斯福的自发灵感做出了伟大的贡献！到了1945年联合国成立的时候，也沿用了这一名称。

那么我们就来看看灵感激发的条件是怎样的，灵感的产生是由实践提供的，它是在自觉思维活动的基础之上产生的，首先，思考者在头脑中有一个等待解决的中心问题，有足够的知识储备和观察资料的积累，对问题经历了反复、紧张、艰苦的思考，几乎到了欲驱不能的程度，直至思想的饱和，以至陷入僵局，形成了一定的神经活动系统和认识心理结构，而它成为某个接通思路的障碍，这时，只要把问题暂时搁置，去从事其他活动，有意识地转换一下工作状态或者环境，使紧张的思维活动得到调剂、缓解，使大脑不受压制，在这种情况下，下意识立即活跃起来，便容易接受显意识的潜意识的信息，而这种信息有时会导致原有的活动神经系统和认识心理结构的改组和重建，再通过神经活动系统接通某种联系，导致灵感的产生和突发。

而灵感被激发以后，还要经自觉思维活动的鉴别，有用的，才能成为科学知识或有社会意义的创造性设想，这就说明，灵感是有意识的活动和无意识的活动，也是显意识的活动与潜意识的活动结合的产物，它并没有超越思维活动的一般规律，而是思维活动合乎思维的产物，当然，灵感的迸发是多种多样的，但细加考虑，它可以归纳为两类基本形式：联想式和省悟式。

联想式的灵感是指这样一类情况，当人对某个问题经过一段紧张的研究，百思而不得其解的时候，然后在某一偶然事件的刺激、启发和感触下，思维顿时引起相似性的联想，感到豁然开朗，迸发出创造性的新设想，使问题得到解决，这种迸发形式一般多见于自然科学领域的发明或发现，在这里"原型启发"起着重要作用，所谓原型启发，就是从其他事物中得到解决问题的启示，从而找到解决问题的途径或方法的过程，起着启发作用的事物叫作原型，任何事物都可有启发作用，都可能成为原型，如自然景象、日常用品、人物行为、技巧动作、口头提问、自觉描述等，都可能成为对人有启发作用的原型，但是，一个事物能否起原型启发作用，不是决定于这一事物本身的特点和内容，而是与思考者、创造者的主观状态有很大的关系，如思考者或创造者的创造意向、联想能力，等等。

灵感的联想式激发必须通过某个偶然事件的触发，刺激大脑进行联想，然后产生灵感，而省悟式灵感的激发则不同，它不需要借助于"触媒"的刺激，乃是通过内在的省悟、内部"思想火花"而产生灵感的，当人们对某个事物经过长时间的思考、思维达到了饱和程度，却仍然没有进展时，在大脑神经系统中就像布满了纵横交错的"电路"，却

转来转去无法接通，后来，在潜意识的作用下，突然之间，猛然省悟，使问题得到解决，这种迸发方式多见于文学创作，但在科学史上以这种方式获得灵感的也不乏其例，当思考者与创造者对问题进行了相当充分的研究，它在大脑中储存了解决问题所需要的各种信息时，使人产生了种种显意识与潜意识的思维活动，在脑中大脑神经细胞能对曾经接受过储存的信息进行加工，对学得的东西也同时进行整理，从而制造出新的信息来，这一类问题还有待于科学的进一步研究和解决。

灵感的存在，并不是依靠神赐，而是依靠自己对灵感的激发。

顿悟是创造力的加速反应

凡事都要有悟性，良好创意也需要悟性。有了良好的悟性，对于人们改变看山非山、看水非水，都会有一定的帮助作用。瞬间的顿悟可以快速地产生完美的创新。

早在几十年前，中国的瓷器在世界上很有名，但是后来因为品种、花样总是一成不变，使中国瓷器在欧洲市场上的地位岌岌可危。有一次一个日本人细心观察，他发现欧洲人的鼻子高，并由此突然想到鼻子高的人并不一定会喜欢瓷器，他找几个高鼻子欧洲人一试，果然用中国茶杯十分不便。他想到赚钱的好方法：这个日本人在中国订购大批瓷器茶杯，只做了小小的改进，也就是后来的斜口茶杯。日本人把茶杯转卖给了欧洲人，也由此获得了一笔巨大的财富。

实业家的顿悟告诉我们：不放过任何一种创意感觉，是获得成功的明智之举。

当然,悟性不是天启神授,不是直觉感受,不是人纯粹的知性,它若明若暗,恍惚而来,不思而至,即使是天赋一般的人在某些时候也会有很高的悟性,就看你如何去运用。

有个大学生,在暑期去北京站接一位初次来京的朋友。火车进站时天色已晚。当许多游人从站口蜂拥而来的时候,由于灯光昏暗,很难从人群中找出他的朋友,等了半天也没接到人。这时他看到那些高举着接站牌的人,高高兴兴接到自己要接的人,心中好不是滋味。

回校后,这个大学生在懊恼之余,悟性连续运转:像我这样因没有接站牌而接不到客人的憾事一定不少,何不去出售接站牌呢?既赚钱又方便别人,真是两全其美的好事。

次日一早,他就找来别人抛弃的纸箱、小木棍、铁丝,买来白纸,背上这些"特别商品",带上毛笔、墨汁,兴冲冲到了北京站。当他高声叫卖"谁买接站牌"的时候,周围的人都觉得很好奇,谁知,一会儿工夫就把30多个牌全卖光了。

后来他对接站牌做了改进,改"卖"为"租",自带白纸、浆糊,随租随写随贴。租一个1元钱,另交押金2元钱,这样更省事、更实惠。后来也引来不少人效法。

看来,任何悟性都要从做事中来。当我们受到触动,顿悟觉醒的时候,就应当及时捕捉。相反,顿悟迟缓,创意不灵敏,如果又不会想问题,新的方法自然就不会出来了。

一个人顿悟性的强弱,决定了他的洞察穿透力的深浅,也就是预测程度的深浅。在创意的心灵世界中有一种"灵活",其实就是人们常说的"精明",他们能够发现一般人发现不了的事物,甚至是稍点一下就可以推断出其他好几件事来。

掌握了准确的信息,再加上创意对事物的顿悟,成功就会轻而易举。

与灵感零距离

灵感的存在与激发我们在前面已经介绍了,而下面我们还要继续深入研究大师们是怎样做到与灵感保持零距离的,看看大师们的回答。

大数学家高斯一次在谈到求解曾折磨他两年多的某个问题时说:"像闪电一样,谜一下就解开了。"法国物理学家、数学家彭加勒有一次在提到他得到某个灵感的情景时说:"我的脚刚踏上刹车板,突然想到一种假设……我用来定义富克斯函数的变换方法同非欧几何的变换方法是完全一致的。"德国物理学家亥姆霍兹在回忆他的工作时曾说过:"在对问题做了各方面的研究之后……巧妙的设想不费吹灰之力意外地到来,就如灵感。"俄国画家列宾也曾这样说:"灵感是艰苦劳动的奖赏。"俄国著名作曲家柴可夫斯基也说:"灵感是这样一位客人,它不爱拜访懒汉",等等。这样的名言有很多,他们成功了,成功的创造了,那我们怎样去效仿他们呢?

德国化学家凯库勒提出苯分子的环形结构,为有机化学的发展做出了重大的贡献,后来他在叙述发现的情景时写道:"……但事情进行得太顺利,我的心想着别的事了,我把坐椅转向火炉,进入半睡眠状态,原子在我面前飞舞,长长的队伍,它们变化多姿,靠近了、连接起来了,一个个扭动着,回转着像蛇一样,看,那是什么?一条蛇咬住了自己的尾巴,在我眼前轻蔑地旋转,我如从电掣中惊醒,那晚我为这个假说的结果工作了一整夜……"就这样,他从"咬住了自己尾巴的蛇"得到启示,豁然开朗,提出了苯分子的环形结构。

达尔文在创立生物进化论学说时,曾受到马尔萨斯《人口论》的启发,他在《物种起源》一书中写道:"1838年8月,即我开始有系统地调查工作之后的15个月,我阅读马尔萨斯的《人口论》以作消遣,同时由于长期观察动物的习惯,当然不难认识随处可见的生存竞争的事实,于是我便恍然大悟,在这种环境下,有利的变化势必保存下来,而不利的则归于消灭,这样的结果,便是新种的形成,这样,我终于得到了一个可以作为工作依据的学说。"

在爱因斯坦回忆自己的科学探索之路时,他告诉大家,从1895年就开始思考"如果我以光速追踪一条光线,我会看到什么?"对于这个问题,他一直没有找到答案。在1905年,当他起床的时候,他突然想到:对于一个观察者来说是同时的两个事件,对别的观察者来说就不一定是同时的。这给了他很大的启发,他知道这是解决问题的关键,所以,顺着这种想法,他提出了相对论。

灵感是文艺创作和科学创造活动中因思想的高度集中情绪高涨而突然表现出来的创造能力;它也是科学家和艺术家在创造创作过程中达到高潮阶段出现的一种富有创造性的心理状态,在这种创造性的心理状态中,人们会突然做出发现,他们会突然构思出绝妙的情节、动人的诗句等,《科学研究方法论》一书提到:"所谓灵感,或者称为直觉或灵机一动,就是偶尔在头脑中闪过的对问题的某种特别具有独创性的设想,它是人们在自觉不自觉地想着某一问题时,在头脑中突如其来地产生的一种使问题得到澄清的思想。"所以,灵感就是指长期思考着问题而得不到答案却突然获得解决的一种心理过程。

科学上指出灵感有三个特点:首先,灵感是突然发生的。所谓突然发生,就是说它是在人们都没有注意到它的时候,突然的出现。它的突然出现带有很大的偶然性,人们既无法通过意志让它发生,也无法事

先计划出它的到来，它总是"不期而至"；其次，灵感的出现是闪电式的。这一特点是指灵感的显现过程极其的短暂，它像闪电一样，瞬息而逝，来不可遏，去不可留，有人把灵感的这一特点也称作"瞬间性"；最后，灵感是一种新东西。也具有新颖性的特点，它通常是一种独创性的见解，创造性的设想，它以自己的新颖性使思维者鲜明地意识到自己的思想已进入到一个新的高度，有一种彻悟的自我感觉，是一种智力的大跃进。

学会用设想赚钱

许多真诚的人都会很坦白地承认这样一句话：有创意的人在事业刚起步的时候，尽量不要想着理想、名望等；多想想金钱，这是最实际的。很多时候，金钱能激发一个人的斗志，但是怎样才能得到它呢？

最简单的方式莫过于用自己的设想赚钱。

1978年，丹·法尔斯特跟自己的朋友成立了一家软件公司，专门为私人电脑编制程序，最初的投资额仅仅为500美元。第一笔业务是一家小公司，它要求法尔斯特为它设计进行计划和预算的程序。这笔业务的收入并不可观，但是法尔斯特却看到了这套程序的市场潜力。他劝说他的伙伴们一起进行市场尝试。从那时到今天，这套被称为Visilalc的程序已经卖出去20万份，目前的年销售额为3500万，而且还在持续上升。

一位青年在美国一家石油公司工作，负责检查石油罐有没有自动

焊接好。他每天都要重复几百次地进行巡视,这使得他感到十分厌烦。一天,他实在很无聊,于是数了一下,发现焊接一个石油罐盖会滴出39滴焊接剂。他想如果能够减少一两滴焊接剂,一定会减少公司的成本。他开始思考,最后终于研制出了"38滴型焊接机"——这种焊接机使每个油罐减少浪费1滴焊接剂。公司决定采用这种新的焊接方式,这种机器每年为公司节省5亿美元,年轻人因此得到了丰厚的奖励。

这个青年最后掌握了全美石油业95%的实权。他曾经说:"如果把我剥得一文不名丢在沙漠的中央,但是只要一行驼队经过,我就可以重建整个王朝。"实际上,他也是这么做起来的。他的名字是约翰·洛克菲勒——美国的"石油大王"。

金·吉列原来是一名瓶塞售货员。他一直想用自己的设想赚钱,因为这件事情对他来说更加有意思。他一天到晚就在钻研自己的专业知识,想从这方面得到一些灵感,不过没有什么收获。一天早上,他在刮脸的时候,一不小心把脸给刮破了,这使得他突然有了灵感:"发明一种方便好用的剃须刀,应该能够赚不少的钱。"1895年,金·吉列获得了这种剃须刀的专利权。11年后,吉列开起了自己的公司,在退休时,他已经成为了一个非常富有的人。

乔治·纳尔逊的工作是在旧金山造船厂里旋紧甲板上的每个螺丝。他的工作十分令他生厌,他希望有一个办法能够使他的工作更加轻

松一点。"要不干脆来个自动安装器?"他朝着这个方向努力,然后成功发明了自动安装的螺栓焊机,并申请了专利。纳尔逊和他的朋友一起筹办了一个纳尔逊螺栓焊接公司,几年之后,当他把公司卖掉时,他的个人净收入为300万美元。

这些人的经历告诉我们,让自己富有并不是十分复杂的事情,有时只需要灵机一动。用设想为自己赚钱,你不需要付出多少成本,但是收益却很巨大。

倒过来的灵感

有一天,有一个小孩兴冲冲地喊自己的妈妈:"妈妈,妈妈,你猜我看到了什么?"当时,他的妈妈非常迷惑,究竟看到了什么让他如此兴奋。还没等妈妈反应过来,小孩就拽着她出去了,原来就是要倒立给妈妈看。当时,她就明白了自己孩子表达的意思。他通过倒立发现了另一个世界。其实,很多人小的时候都有过这样的经历。

曾经有这样一个故事:在东北林场中,人们需要将一块长长的圆木搬走,当时是十二个人,但怎么也搬不动。而减少两个人之后,木头动了一下,当只有八个人的时候,木头被抬了起来。这件事情让很多人感到惊讶不已。的确,当抬不动木头的时候应该是增加人,为什么是减人呢?这其实就是运用"倒过来"的逆向思维来思考问题。

"逆向思维"在生活的各领域中都得到广泛的应用。究竟什么是"逆向思维"法呢?它就是人们为了实现某个目标,以背逆常规现象或常规解决问题的方法为前提，通过逆向思考来实现发明和发现的方法。在人类进行发现或者发明的过程中，逆向思维经常被用到，其发挥作用的方法主要有三个：

第一是从已有事物的相反功能去设想新的技术、发明或寻找解决问题的新途径。在德国一家造纸公司中，有一位工人在弄配方的时候，由于粗心弄错了，使得公司生产了一批不能书写的废纸。当时，公司的老板非常生气，扣了他的薪水。所以，他心灰意冷，一时间感觉没有了工作的动力。当时，一位朋友对他说："你可以倒过来想问题，看看有没有从错误中找到有用东西的办法。"听了他人的建议后，他发现这批纸吸水性特别好，可以用来吸干家庭器具上的水。随即他就以较低的价钱买下了这批纸，将其裁成小块儿，取名为"吸水纸"。令他意想不到的是，当这批纸进入市场之后受到了热烈的欢迎。由于这种纸只有他知道配方，所以申请了"吸水纸"专利。

第二是通过倒转已有事物的因果关系来引发新的创造设想和解决问题的思路。日本的十大发明家之一的田熊常去改进锅炉吸热方法就是通过逆向思维使得问题得以解决。过去日本的锅炉热效率是非常低的。他经常想办法改进，但总是没有新的进展，因为他沿用的是前人的思路。后来，他改变了思路，将整个思考过程倒过来，根据"锅炉吸热"找到了热水上升、冷水下降，水流与蒸气循环的办法，极大地提高了锅炉的热效率。

第三是从已有事物的相反结构形式去设想新的技术。解决圆珠笔漏油问题是最好的证明。当圆珠笔被发明出来之后，受到了大众的欢迎。但它存在着一个很大的问题就是漏油现象。它之所以会漏油是因为在写字的时候，由于笔珠遭到了磨损，所以就会蹦出来。当笔珠蹦出来之后，油墨就随之漏出。当时很多人怀疑笔珠蹦出与笔珠的耐磨性差有很大的关系。所以，有人提议用宝石作笔珠，但这样做又出现了问题，如果油用完了，这根笔芯是要丢掉吗？宝石笔珠的造价很高，相应圆珠

笔的成本也会增高，这严重影响了销售。正当面临这个问题的时候，日本发明家中田藤三郎打破常规，运用逆向思维解决了问题。他认为既然在人们写到2万字的时候，圆珠笔开始漏油，那为什么不在笔管中装只够写1.5万字左右的油墨量呢？这样既节省了成本，还解决了漏油问题。

在人们思考问题无法取得进展的情况下，可以尝试一下逆向思维。它能给人们带来新的视角，帮助人们找到解决问题的新办法，是人们取得成功的助力器。

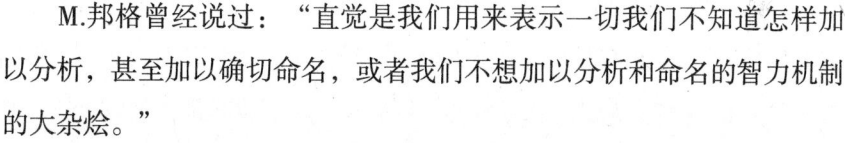

直觉是创造力的航标

M.邦格曾经说过："直觉是我们用来表示一切我们不知道怎样加以分析，甚至加以确切命名，或者我们不想加以分析和命名的智力机制的大杂烩。"

直觉是人类自古以来就一直存在的一种思维现象，它不仅在人类的科技发展史、艺术发展史上曾"屡建奇功"，而且至今仍在人们各方面的实践活动中广泛地发挥着重要的作用。对于具体的事情中的问题，先作总体考察和思考，然后利用大胆的直觉去指导行动，将会收到意想不到的效果。

19世纪末，法国物理学家贝克勒尔发现的放射现象，引起著名化学家居里夫人的浓厚兴趣，于是她决定研究射线的性质及其来源。

但是初步的实验表明，放射性同化合情况、温度以及光线都没有

关系。面对这样的事实，居里夫人大胆地凭直觉做出了以下两个判断：第一，放射性不是化合分子的性质，而是原子特性的反应；第二，这种射线不一定只有铀才具有，其他元素也很有可能有。

果然根据这个直觉，她发现了另一种放射性元素——钍。

紧随其后，她又发现在一种沥青铀矿石中，有一种比铀和钍的放射性更强的放射现象。于是直觉让她做出判断，在这种沥青铀的矿石中，还存在一种比铀和钍的放射性更强的未知元素。由于条件的限制，虽然她当时并不能解释这种"放射作用"更强的元素究竟是什么，但她深信，她的直觉并没有错。并且她给这未"出生的孩子"取名叫"镭"。

后来经过四年坚持不懈的努力，1898年，人们终于测出了这种元素的原子量，证实了居里夫人所作的判断是正确的。

爱因斯坦因此而称赞居里夫人具有"大胆的直觉"。

居里夫人的伟大发现，就是"用不着长期等待有趣的结果"，也就是在自己的发现尚未得到完全证实的条件下，凭借某些迹象和自己的初步认识而大胆地予以肯定，然后坚定不移地朝着这个方向走下去。

在科学技术高速发展的时代，万事万物瞬息万变，在很多情况下，主客观条件都不允许我们对面临的问题在搜集到了足够的有关材料之后，再从容不迫、有条不紊地通过逻辑思维逐步推论。常常只能做的是，根据并不充分的材料，先做出直觉判断，然后再运用逻辑推理去加以审核、修正，并最终通过实践加以验证。直觉为我们铺设了一条思维捷径，使我们有可能对某些复杂问题高速度、高效率地获得思维成果。

直觉的敏锐性推动着发明者进入未知领域，就像足球运动员的临门一脚只能凭直觉，而不能像理论家那样按逻辑的思路去分析时机、角度、受力等各种因素，因为球场上变化很快，运动员只能依靠直觉，并相应地采取敏捷有力的行动，否则就会贻误时机。

直觉的创造性决定发现发明的成功。爱因斯坦曾把直觉称为一种思想的"自由创造力"。他认为，直觉不仅是"对经验的共鸣的理

解"，而且是将"思维元素""随意地"再现和组合，是在"搜索漫无秩序地出现的事件"时，用"创造性的想象力去理解和贯穿它们"。

无论科学家还是平凡人，都应当重视直觉在发现发明中的作用，不少科学家更把直觉视为发现发明的源泉，有的甚至把它视为唯一的源泉。诺贝尔奖获得者、著名物理学玻尔认为："实验物理的全部伟大发现都是来源于一些人的直觉。"直觉的表现可谓是无处不在。在用直觉解决复杂问题时，我们常常会"豁然开朗"。

霍尔生于1855年，他大学毕业后，在美国北部的缅因州当了两年中学教员。于1877年考入霍普金斯的研究生院，跟着罗兰教授攻读物理。在罗兰开设的课程中，麦克斯韦的《电磁学》被指定为教科书。在学习这本书的过程中，霍尔对麦克斯韦的一段论述产生了怀疑。

麦克斯韦在书中这样写道：在导线中流动的电流本身完全不受附近磁铁或其他电流的影响……

在平时，霍尔读书非常认真，但他从来不会被书本知识所束缚。当他读到上述那句话时，凭直觉感到似乎和普通的物理知识相矛盾。不久，他又读了瑞典物理学家埃德隆德教授的一篇文章，文中明确地假定："电流受磁电的作用，恰如载流导线受磁铁的作用一样。"

在发现两个学术权威的论点不一致之后，霍尔更加相信自己的直觉。他又去请教罗兰教授，罗兰教授告诉他，他也曾怀疑过麦克斯韦论断的正确性，也曾经匆忙地做过一个实验来检验，可惜没有成功。罗兰教授鼓励霍尔想办法解开这个谜。

霍尔全身心地投入到新的实验中，终于发现通过金箔条的电流在磁场里产生一个电势，其方向与电流和磁场垂直。这一发现就是今天有名的"霍尔效应"。当时霍尔将此发现公布于世时年仅24岁。新闻界将霍尔的成功誉为"过去50年中电学方面最重要的发现"。当记者问霍尔当年为什么怀疑麦克斯韦的论断时，霍尔说："先不要问'为什么'，直觉是不管'为什么'的。"

英国物理学家卢瑟福也有类似的经历。

在一个深夜里,卢瑟福在考虑α射线的本质时,他忽然想到,如果α射线的本质是氦原子核流,那它的本质就很容易得出。他不顾是否为深夜,他抓紧时间打电话告诉了他的助手索第自己的想法。当时索第被电话吵醒,而又听到自己电话那头没有根据的设想时,问道:"为什么?"卢瑟福的回答却是:"没有什么理由,这是我的直觉。"

后来,通过实验,证明卢瑟福的直觉确是真理,由此卢瑟福于1902年建立了他的理论体系。1908年,卢瑟福因此获得了诺贝尔奖。

其实,在创造和发明过程中,很多事物的出现与人的灵感不无关系。其实,任何事物的产生和发展都是从灵感开始的,而所有的理论都是后续通过证明加上的。

直觉其实是创造潜力的积累

阿尔伯特·爱因斯坦曾经说过:"真正有价值的东西就是直觉。"

当你在思考某个问题的时候,你的头脑里突然有一个清晰而明确的想法,明确一件事情是正确的或是错误的。但是,当你仔细考虑这个想法时,却无法从逻辑上解释它由何而来,也无法解释它出现的原因。

这就是所谓的直觉。直觉从某种程度讲,也是经验积累的结果。

直觉是人们对于事物或问题的不经过反复和深入思考的一种直接洞察。它并不是由你的感官做出的判断,而是一种不同于逻辑推理和其他思维形式的思维。就好像那些觉得一个英文句子有问题的人,不一定学过英语语法,但是他的判断却可能是对的。他当然无法告诉你为什么有问题,他多半会说:"我感觉上是这样。"

不过在这个崇尚理性的时代,很多人根本不相信自己的直觉——除了那些尝过甜头的人。

不过从潜意识的角度来看,却有另外一番道理。

许多创造学家相信,这里更多的是潜意识中的"直觉"在起作用。我们每一个人的潜意识中都储存了大量的信息,但由于长时间被压抑,对于意识中的我们来说,这些信息似乎根本不存在。

现代的科学研究已经让我们对直觉有了更多的认识。大多数科学家已经承认,虽然直觉很神秘,但它是人类另一个认知系统,是和逻辑推理并行的一种能力。如果我们能够把直觉引入到有意识的思考当中,与一般的思考形式相结合,那么就会像汽车打开了左右两个大灯一样,同时照亮认识和创造之路。

表面上看起来,直觉所做出的判断是偶然的,但实际上却是长期酝酿的结果。我们已经讲过,直觉判断的整个过程,实际上就是把原有的知识和信息从潜意识中重新唤醒的过程。也就是说,直觉判断仍然是有据可循,并非胡乱地臆测。当我们在遇到一个问题的时候,实际上潜意识中已经存有许多关于这个问题的信息和资料,因此才能迅速地判断。

现在人们的思维已经没有多少空间留给直觉了,崇尚推理和分析的思考方式几乎侵占了所有地盘。有的人甚至以用"感觉如此"来做一个决定为耻。理性的逻辑思考方式使我们怀疑直觉,而不是去迎面拥抱它。

The Body Shop公司的创办人兼董事长安妮塔·罗狄克是一位擅长运用直觉思考使自己的事业取得成功的杰出的女性,她留给我们许多物质和精神的财富。

许多人在她用直觉做出决定时,表示了自己的反对意见,并且认为靠这种思维得出的判断是十分冒险的。

她却说:"我认为自己不是一个冒险者,任何企业家都一样。这可能就是商业的神秘之一。新的企业家更注重价值,会做那些别人看起来很冒险的事情,那是受到自我信念的指使。其他人也许会说我在冒险,但那是我的道路——对我而言那不是冒险。"

罗狄克始终都坚持自己的直觉。一次,罗狄克跟人谈到一份关于营销动向的报告,那上面的数据和结论都显示婴儿产品的销售增长将会是微小的,但是她却不愿意相信这样的报告。直觉告诉她报告的数据有问题。这种直觉其实就是长期工作的经验。

她说:"我们(指她和她公司的职员)的直觉告诉我们那完全是错误的。我们预感到婴儿用品市场将比该项目预计的更庞大。于是我们进一步深入了这个市场,发现实际数字差不多比研究显示的要高出4倍。是直觉起了作用。"

"这个世界上没有一种市场调研可以告诉你为什么人们不愿买这个产品,或是他们为什么会喜欢你们。但是你可以依靠你的直觉,当你看到一篇来自化妆品行业的长篇市场报告,然后指出来:'这个地方是错的。'"

罗狄克运用直觉做出了许多创造性的举动,这些举动都取得了十分好的成绩。最近,国际品牌顾问公司的一项专业调查表明,The Body Shop在全球最杰出品牌的排名中居于第27位。

直觉不仅帮助了那些在商海中沉浮的人们。18世纪英国物理学家、化学家亨利·卡文迪许有一段时间一直致力于氢气的研究。他曾无意间将氢气和空气混合在一个容器里,并且用电火花去点燃它们。突然,容器发生了剧烈的爆炸。他对这种现象感到十分奇怪,在又做了多次同样的实验之后,他发现不仅每次都会爆炸,而且在爆炸后的容器壁上还会有一些小水滴。经过化验后,卡文迪许知道这些小水滴是纯净水。那么这些小水滴是从哪里来的呢?他凭直觉认为这些水滴一定和氢气有关。

从此，他开始研究氢气和水滴之间的关系，最后终于揭开了水的组成成分之谜。

乔纳斯·索尔克医生曾说："直觉是生物学上我们还不了解的某种东西。早上起床的时候，我在想直觉要告诉我什么东西，它让我感到很兴奋，就像上帝要赐给我礼物一样。我和直觉一起工作，我依赖上它，而它就是我的伙伴。"后来，他就是在直觉的引导下，发现了脊髓灰质炎疫苗的。

海伦·格丽·布朗，著名的《全世界》杂志的编辑，经常依靠直觉来对稿件做出判断。当她在看手稿的时候，虽然有时候一些文章文采不是很好，但是直觉会告诉她这些文章是真实的，读者会喜欢它。另外有些时候，即使是一篇由普利策奖金的获得者写的稿子，直觉也会告诉她，这篇文章写得太差了。

在我们需要创意的时候，直觉显得更加重要。我们需要的是更多的创意，而不是创意本身的对错和好坏。在这个时候，我们的潜意识会像一股源源不断的流水一样，任何对直觉的怀疑都会阻塞这股流水。我们只需任其自流，要做的只是把所有创意记下来。

北欧航空公司前CEO詹·卡尔森这样提议人们对直觉的运用："你附加在你所收集的信息之上的东西，就是直觉。如果你理解了这一点，那么你就会明白你永远不可能收集到所有的信息。你必须同时利用你的感觉、你的本能反应，然后才能做出正确的决定。这就是对直觉的合理运用。"

第七章

自我突破，跨越创造力的障碍

纵观社会，一些新事物总是掌握在少数人手里，是他们太聪明吗？其实不是，因为他们懂得跨越自己的障碍。每个人身上都蕴涵着无限的创造力，我们需要把它们解放和开拓出来。跨越创造力的障碍，扫清一些阻碍创造力的因素，你就能成为一个创造天才！

走出逻辑思维的樊篱

在1973年,英国利物浦市一位叫科莱特的青年凭借自己的聪明才智考入了美国哈佛大学。当时跟他一起听课的是美国的一位18岁的小伙子。两人的关系特别好。在大二的时候,这位小伙子和科莱特商议,两个人一起退学去开发32Bit财务软件。

面对这个小伙子的邀请,当时的科莱特感到诧异,在他看来,自己之所以如此努力考入如此高等的学府,目的就是学习知识。即使不学知识,对Bit系统也没有多少了解,即使要开发这个软件,也需要等学完所有的大学课程之后,所以他婉言谢绝了这位小伙子的邀请。那位小伙子为了坚持自己的梦想,退学了。

十年之后,科莱特成为哈佛大学计算机系Bit方面的博士研究生。而那位退学的小伙子已经进入美国《福布斯》杂志亿万富豪排行榜。

再过了近十年,科莱特继续读博士后;而那位美国小伙子的个人资产已经达到了科莱特做梦也想不到的数字,他已是美国第二富豪。

当科莱特有了充足的知识研发32Bit财务软件的时候,退学的小伙子已绕过Bit系统,开发出了Eip财务软件,它的速度是Bit的1500倍,整个世界市场都被它占领了。而那个退学后如此成功的小伙子就是比尔·盖茨。

现在我们可以考虑一下,如果你是科莱特,当年你会接受比尔·

盖茨的邀请吗？

一般来说，人们按照正常思维来考虑就是只有学好了基础知识，才能创业。这个逻辑本没有错，但大量事实证明，很多人之所以能取得大的成功，并不是非要在知识储备特别足的时候才开始奋斗，而是选择在实践中将知识和能力相结合。虽然表面上看来，比尔·盖茨的知识储备远远不如科莱特，但事实上他有着比科莱特身上更为珍贵的东西，那就是创造性思维。正因为他敢于突破樊篱，比尔·盖茨才取得了如此大的成功。

我们平常需要逻辑思维，如果不合逻辑就会造成理解的混乱，可是很多发明创造在开始的时候，往往打破现有的思维方式，这就需要创造者的非逻辑思维。在现实中人们发现，很多人难以做出创造，往往是受到逻辑思维的限制，当别人做出发明创造时，他们会非常遗憾地说："我怎么没想到呢？"

那么，怎样解决逻辑思维和非逻辑思维的矛盾呢？特别是在创造的过程中，怎样突破逻辑思维的限制呢？

美国著名的创造学专家威廉·戈顿曾观察和访问一位发明者很长一段时间后，提供了下面这个发明构思过程的清晰实例。

这位发明者面临一个任务：发明一个系统，使陆军的重型坦克能够跨越10英尺宽的深不见底的壕沟。他描写工作的早期阶段的特点：思想在一个圈子转，转来转去，也得不到答案，就像面对一个没有线索的谜语。这个阶段持续了将近三个星期。他完全卷入这个问题中去，以致产生幻觉。他决定暂且放弃这个问题，就钻进了他的汽车，驱向乡间，做一次散步。

他强使那个问题完全退出他的头脑，使他能够把兴趣放到周围不相干的事物上去。那时是秋天，他在一棵枫树下坐下来，超然地观看着树叶在小旋风中飘落，把那个坦克跨越壕沟的问题完全丢到脑后去了。

在这一时刻，他停下来观看两只蚂蚁在榆树皮上费力地向上爬。

他把它们看作两个用绳子相互系在一起的爬山运动员。他缓步行走着，同时做着白日梦：想象着蚂蚁能够举起超过自己体重几十倍的物体。白日梦展开为蚂蚁相互举起对方越过树皮上的障碍物，接着幻想转向蚂蚁被奔流着小溪的裂缝所阻挡。蚂蚁的触须激动得发狂似的摇来摆去。最后，一只蚂蚁抓住悬崖的边沿，另一只蚂蚁在它的昆虫兄弟的身上爬出去，一直到抓住裂口的另一边沿。它把自己和它的同伴扛过去，从而越过了裂缝。

在发明者观看蚂蚁，然后进行幻想的时候，坦克越沟的问题似乎退到脑后去了，而是把注意力的中心转移到表面上看似不相关的事情上去，起初是自然界中不相关的事情，然后是自己的想象中的不相关的事情。但是蚂蚁和它的装甲外骨骼还是使他想起了他的坦克，而坦克越沟问题也再度进入他的意识中。他将幻想的情景与他的问题作了类比，如在每辆坦克的头部和尾部焊上特殊的钩件，多辆坦克就能通过钩件两两首尾连接起来，自行形成"桥梁"。设有六辆坦克要跨越壕沟，它们可以连接起来，后面的那些坦克会推动第一辆坦克从沟上空过去，直到抓住对面的沟边。越过沟的坦克又可以运用拉力，这样所有的坦克都会被推拉过去。

让我们来一次跳跃逻辑的思考。

例如我们碰到了一个难题：

旧式鼠夹的毛病是响声太大，老鼠们学乖了，不再靠近鼠夹。

现在要发明一种无声的捕鼠器。

常规思路：

分析旧鼠夹为什么声音太大，然后提出应该怎样改进的方案。

非逻辑的思路：

首先，离开这个问题，去思考什么生物能无声地捕食。

可以列出以下动植物：青蛙、蛇、蜘蛛、壁虎、猫、蝙蝠、猪笼草、狸藻、毛毡苔等。

第二步，了解这些生物无声捕食的原理是什么。

例如：

（1）青蛙：卷舌头；

（2）蛇：吐芯子，一伸一收；

（3）壁虎：变色，善于伪装；

（4）猫：脚上的肉垫；

（5）蝙蝠：在黑暗中能看东西，特殊的超声波系统；

（6）蜘蛛：网，黏住猎物；

（7）猪笼草：用蜜液引诱昆虫；

（8）狸藻：茎上小囊口周围有倒生的刚毛，只能进不能出；

（9）毛毡苔：叶上分泌带有甜味和香味的黏液。

第三步，回到要解决的问题。发现鼠夹无声捕鼠与动物无声捕食的问题类似。

第四步，借用上面的一些原理来解决这个难题。

提出的新方案：

（1）发明入口处有倒刺的捕鼠器；

（2）设计活动门略长于门框，老鼠只能进不能出的捕鼠器；

（3）发明既能分泌香味引诱老鼠，又能黏住老鼠的捕鼠器；发明利用超声波技术捕鼠的工具……

这样可以得到大量的设想，数量上远远超过了仅从工具角度思考所能得到的解答。从这一过程中，可以看到思维在第一步和第二步间的逻辑跳跃。解决鼠夹问题，思维不是在老鼠和工具的构件上转圈子，而是一下子跳到其他生物，并把其他生物的无声捕食与鼠夹联系在了一起，这正是非逻辑思维的特点。

清除"思考僵化"的存货

爱迪生和他的助理在实验室中工作时,他忽然需要知道一个灯泡的体积是多少,因为他自己正忙着,便将一个没有灯头的灯泡交给助理:"你去量一下这个灯泡的体积是多少?"

过了一个小时,爱迪生手边工作告了一个段落,才想起来助理还没有将体积的数据给他。于是他便走到旁边的助理工作间看看,只见写满了计算程式的纸张摆在桌上,助理还在用测量仪器里里外外地测量着。

爱迪生问道:"还没有量好吗?"

助理回答:"就快了……"然后他将自己测量的方法和复杂的数学公式说给爱迪生听。

"嗯!理论上一点也没有错。"爱迪生慢吞吞地说,然后从助理手上拿过灯泡,将桌上的一大杯水倒进灯泡里。"但是时间宝贵,请你将灯泡里的水倒到量杯里,然后马上告诉我体积是多少。"

助理的一张脸,刹那间红得像丢进滚水中的大虾。

时常听到有人说:"这个人的思考僵化。"何谓思考僵化?在思考之前,如果没有经过搜索各种有关资讯、观察是否有矛盾的地方、以及和原有的其他资讯辨识比较之后再去思考,那么思考之后所下的判断,错误比率就相当的高。外界环境变化小时,思考方式往往变化就不大，时日一久，就容易变成较为固定的习惯性思考模式，这就是所谓的思考僵化。相反的，当外界的环境快速变化时，会刺激脑内的资讯需求，就必须通过搜索、观察、辨识，不断地填补新资讯，直到需求满足为止。

我们常说"可塑性强"，就是指搜索、观察、辨识等系统的强力运作，可让脑内填补新的资讯，造成思考上的转变来和外界的变化相互配合。"适应不良"就是脑内资讯常和外在环境变化有一段落差，或无法取得平衡。这是因为脑内资讯的补充、调整与改变不够迅速。除非外界环境能够满足自己，否则就要改变自己，不断地学习、充实各种知识和技能，来赶上外界的快速变化。

所以，在思考之前一定要做重点式的搜索、细密的观察和清晰的辨识，才不至于做出像爱迪生助理那样可笑的事情。

当某些事情进入我们的脑袋里，需要我们思考的时候，对于已经发生过的事情，可以让它在脑中重新再来一次，思考是否需要改进，不要让自己再犯同样的错误。

对于尚未发生的事情，因为无法预知可能的发展，所以仅能将搜索、辨识得来的资讯和原来脑袋里的资讯比对，并且运用假设与推理的方法，逻辑性地预测可能遭遇的状况，或是将会产生的变数。

春秋时期晋灵公不顾民间疾苦、国力衰竭，坚持要大动土木兴建9层高台，这个旨令使得人民怨声载道，因为此举无疑会让已民不聊生的社会雪上加霜。

尽管大臣和百姓都反对建造9层高台，可是晋灵公仍然一意孤行，不但听不进大臣们的谏言，反而因此恼羞成怒，下令凡是有胆敢再阻挡兴建高台者，一律斩首。

大臣们因此噤若寒蝉，谁也不敢再提这事儿。

有一天，一个叫孙息的大臣，趁着晋灵公心情很好的时候，抓住机会对晋灵公说："主公，我能够把9个棋子叠在一起之后，上面再放9

个鸡蛋。"

晋灵公不信，但是因为心情很好，想要娱乐一下，于是要人拿来棋子和蛋，要孙息当场表演。

孙息将棋子都叠放在一起之后，拿起一个鸡蛋往上摆，在旁边观看的众人都屏气凝神地注视着鸡蛋，生怕蛋会滑下来。当孙息又要摆上另外一个蛋时，晋灵公一边紧张地喘气，一边说："危险！危险！"

孙息不慌不忙地说："我觉得这没有什么危险的，因为还有比这更危险的事就要发生了哩！"

晋灵公不以为然地问："还有什么比这更危险的事？"

孙息说："建9层高台就比这更为危险。建高台不仅要用很多的人力，而且还非常耗时。在这段时间内，男不能耕、女不能织、国库收入锐减、民不聊生。人民生活不下去了，不是四处逃亡，就是造反谋叛。这时邻国见我国力大减，必然兴兵来犯，届时国家亡破，主公的江山不保，可能连自己的性命也保不住了。您说，这不是要比现在叠棋子摆鸡蛋还要危险吗？"

孙息的一席话，吓出了晋灵公一身冷汗。他于是马上下令停建9层高台。

大胆运用不同的思考模式，以及应付之道，这就是思考假设与推

理的功能。利用事先想好的各种模式来进行各种不同状况的模拟、推演，让许多事情在尚未发生之前就可以预知可能的结局，再想出最好的解决方法来减少风险，这样就可以增加成功的概率。

善用思考的推理功能，平日里不断运用各种事件来练习，可以增强处理事情的熟练度。

但是思考前的资讯收集、观察与辨识等的正确性，会直接影响到思考与判断。甚至思考之后的反应、运用与动作是否合宜，也会影响到最后的成败。

只有正确地思考，才有可能将负荷在自己身上压力的砖，一个个角度正确地堆砌而为成就的楼！

突破"墨守成规"的习惯

很多人没有创造的习惯，并且认为理所当然。的确如此，我们在做大多数事情的时候，即使不去想什么新的花样，也照样能把事情解决好。比如，我们在坐公共汽车、乘电梯或者去超市买菜的时候，并不需要什么创造力。在日常生活方面，我们在系鞋带、和商贩打交道的时候，也都创立了一套一成不变的规则，而这套规则足够我们应付各种状况。

不假思索地例行公事变得必不可少，即使所有的事情变得毫无乐趣可言；没有了这些规则，我们的生活将会变得混乱不堪。那些认为自己不需要创新的人还会反唇相讥：难道你每天早上拿着牙刷，还要花上

十几分钟想想如何改变你刷牙的方式？难道你手里拿着面包，还要思考它的意义？

"过得去"和"过得好"是两个完全不同的标准，至于要选择哪个标准，这是自己的事情——如前所述，创造性的思考充满了乐趣。即使我们不断地变换刷牙的方式——比如先从下排牙齿左边最里面那颗的内侧刷起——也会有意想不到的乐趣，当然也可能改变你的刷牙效果，虽然一些人可能并不承认这有多少乐趣可言。另外，这些日常的训练也可以锻炼我们的创造力，我们需要在日常生活中避免一种没有创造性的习惯。

现在，让我们先看一个真实的故事：

塞缪尔发现自己的妻子玛格丽特在把火腿放进锅里之前，总是会把火腿的两端切掉。

一次，他终于忍不住问玛格丽特为什么要这么做。

"哦，"玛格丽特说，"我也不知道为什么，我妈妈就是这么做的。"

于是塞缪尔去问他的岳母。

"其实我也不知道，"塞缪尔的岳母笑了笑，回答道，"我妈妈是这么教我的。"

塞缪尔感到十分奇怪，于是他找了一个机会，问玛格丽特的外婆说："不知道这是您的宗教习惯，还是您的生活习惯？或者是因为其他的原因？"

"是这样的，"外婆笑着回答说，"我刚结婚那时候，家里只有一个很小的锅，而要把火腿平放进去，只有把火腿的两端去掉。到后来就慢慢变成一种习惯了。"

我们每个人可能都有一些自己不易察觉的习惯，这些习惯本身毫无意义，只会给我们带来麻烦。我们固守着这些习惯，从来不去想为什么。它们似乎是自然而然形成的，以至于我们并没有感到不自在——甚至也不会感到麻烦。

这些没有创造性的习惯总有一天会被我们发现，因为它们本来就不应该属于我们。但是到那时候，要改变已经太晚。因为当我们已经墨守成规时，便意味着一切都很难改变。

能够使自己的生命闪光的人，绝不是由于模仿，而是由于创造；不是由于追随，而是由于引导。你应当立志做一个有主张的人、一个有思想的人、一个时刻求改进的人、一个创新的人，这样的人，无论何时都可以立足于社会。

因循守旧者的典型特征是抱着自己的老旧观念不放，不去主动接受新事物，进行脑力革命。这本身就是思维上的惰性所致。想成功的人必须学会时刻"洗脑"，摒弃因循守旧，创新求变，才会成功。我们有很多人常抱怨自己脑子太笨，这是因为不开动脑筋，在过去的思维模式中打转转。

你首先要做的事情是甩掉那些阻碍你创造的老习惯。这是十分艰难的，但也许正因其艰难，才更有必要甩掉——这反映出它们对你影响很大。你可能需要借助外部力量才能甩掉你的老习惯。

在电影时代的早期，无声电影统治了电影业很长一段时间，以至于电影公司都已经习惯了。当有声电影技术慢慢成熟的时候，许多无声电影公司一家接一家地倒闭了。华纳公司是个例外，在渡过一段相当艰难的财政危机之后，他们吸取教训，放弃了原来的老路子，抓住了机会生产有声电影。

这一改变不但使华纳公司赢得了巨大的财政收入，而且也使它一跃成为电影界的领军者。

1951年的一天早晨，贝尔实验室的主任告诉所有高级研究人员，整个美国的电话系统已经在头天晚上被全部毁掉了。"现在，"他说，"我们不得不从零开始设计，从现在开始填补这个空白。"研究人员意识到主任并没有开玩笑的时候，他们开始了新的设计。从那天起，他们陆续发明了按键式电话机、呼叫者ID显示电话机以及无绳电话等新产品。

创新常常是置之死地而后生的产物，会带来阵痛，也会有牺牲。但是，只要我们学会冷静地思考，用"天下之事，因循则无一事可为，愤然为之，亦未必难"来启迪自己，用"智者不袭常"来引导自己，那么，我们所看到的就会是另一番景象。

突破"创造"恐惧

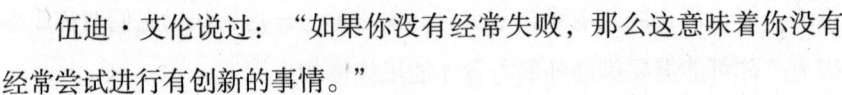

伍迪·艾伦说过："如果你没有经常失败，那么这意味着你没有经常尝试进行有创新的事情。"

恐惧直接导致了人的创造力的丧失，或者说，导致了许多人无法进行创造的实践。进行创造需要一定的勇气，因为这是一项富有重大意义却十分冒险的工作。当一个设想在脑海突然闪现，甚至还来不及变得清晰和成熟时，人的恐惧就立即毫不犹豫地把它杀死了。

在拉瓦锡提出氧化学说之前，肯定不止普里斯特列一人发现了燃素说不合理的地方，但是由于种种原因，他们都没有提出氧化学说，直到拉瓦锡的出现。

很多人的恐惧可能都出于对风险的担心。你虽然已经有了一个好主意，但是却在犹豫该不该把它拿出来。因为你担心"我可能会失败"，这个主意可能给你带来收益，也可能带给你风险，而你害怕承担失败的结果。如果那样的话，你的公司将会一夜之间破产，你将失去辛辛苦苦打拼的一切。这种担心十分有必要，但如果你还不采取挽救措

施，你的公司也照样会马上倒闭的话，不妨试一试你的设想，说不定会出现转机。任何一种设想都有两面性。

在大多数情况下，你的设想所产生的危险可能不像你想象的那么巨大，你的设想所带来的后果可能只是一小笔金钱的损失，或者仅仅让你体会到一次失败的滋味，如果是这样的危险阻止了你的创造，那就十分可惜了。因为即使你的设想失败了，大不了采取另外一种方法重新来过：失败是成功之母，从失败中你将学会怎样去做会更好。

既然是创造，那么必定意味着做别人没有做过的事情，而这种冒险当然同时包含了失败的可能性。为了找到合适的灯丝，爱迪生试验过硼、钌、铬、炭精以及各种金属合金，共1600多种材料。

也有很多恐惧来自于对权威和规则的畏惧。"专家综合征"是阻碍创造的一个大敌，有些专家常常依据自己的经验和研究来对新的事物进行判断，也不管其标准是否适用于新事物。你创造的意义之一就是向权威挑战，检验你的设想正确与否的唯一方法是把你的设想用于实践，而不是某个专家的意见。

规则也是使创造的人们退缩的一重阻碍。公理、原则的确适合大多数人、大多数事，但是未必适合你，因为你现在正在用与众不同的设想去做一件事情。抛开那些条条框框，你只需要按照你自己的方法去做就行了。

恐惧的确是创造的大敌之一，它使你的大脑运转不畅，让你犹豫不决，裹足不前。

古代波斯有位国王，他想挑选一位有智慧有谋略的人担任重要官职。为了选出最好的人，他把所有自己信得过的官员都叫来了。为了能让其他人心服口服，他决定通过一件事情作为选拔的标准。当时，他把所有的官员都领到了一座大门前。这座大门在众人的眼中是国内最大的门，而且任何人都打不开。国王说："各位爱卿，你们都是有文有武的人。谁能帮我打开这座大门呢？"当时，很多官员还没有尝试就摇头泄气了，有的过去试了一下又回来了。只有一位官员过去观察了一会儿，用手摸了摸门，企图打开，但没有成功，然后又仔细观察了一番，最后拽着一根沉重的铁链，门自己就开了。

为什么会这样呢？原来，这座门看起来非常坚牢，实际上并没有真正关上，只要敢于尝试、观察，必然能找到打开大门的诀窍。而很多人面对这个"庞然大物"的时候，只是感觉没有办法，就连尝试一下的机会都放弃了。

其实，在生活中有很多我们可以成功的机会，但为什么往往与之失之交臂呢？那是因为在很多时候，我们不能做到独立思考，在面对挫折和困难的时候，缺少克服的勇气和信心。或者是被各种原有的条条框框所左右，最终走向失败。所以，无论在何时，都要勇敢地迈出第一步，只有这样，我们才有机会取得成功。

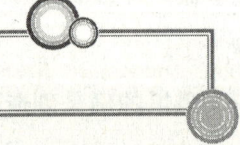

把自傲踩在脚下

麦克·德·蒙田曾经说过："自以为是乃是我们天生而原始的弊病。"

詹姆士是一位"超人小说家"，不过没有人知道他的名字。他有一个很远大的梦想：写一本与众不同的小说。他这样跟他的朋友描述他的小说："它一定很棒，一定比其他的小说都好。"

他好几年来都沉浸在自己的小说家梦想之中，他一遍又一遍地改动他的作品，增删了十几次。当他确认自己的小说已经达到完美，无损于他"小说家"尊号的时候，他小心翼翼地把他的书稿包好，然后寄给了一家很有名的出版社。他信心满满地等着作品被发表、自己出名的那一天的到来。

不幸的是，一个月后，书稿被退了回来。编辑告诉他："文笔很好，但是内容欠佳，望继续努力。"詹姆士认为这个出版社没有识人的眼光，于是把书稿寄给了另外几家出版社，但是结果仍然一样。没有人愿意出版詹姆士的小说，因为它是拙劣的作品。

我们在创造的时候需要勇气和自信，但是过分的自信会把真相掩盖。过分的自信会使人忘记自己在做什么，完全以自我为中心。

如果你没有从20层楼高的建筑物上跳下来，你当然可以想象自己能够做到这一点；如果你没有跟子弹赛过跑，你当然可以想象自己能够跑得比子弹更快，但这只是你的想象而已。盲目地活在想象中的人是可悲的，他看不到现实，因此也不用指望他在现实中能有什么作为。

很多人都喜欢把自己想象成"超人""超人小说家""超人发明家"……他们总是认为自己的想法是最高明的，没有什么人可以比拟。而实际上，他们所谓的超人的发明创造却常常只是一些拙劣的产品。

一个人发明了一台用于压碎铝制果味汽水罐的压碎机，他为自己的发明感到兴奋异常。他逢人便说："你们不知道我的发明有多么重要，每个人都能够用它来压碎铝制的罐子。"

他的老师听了之后，要他演示一下，同时老师自己也拿了一个罐子在手里。发明家开始费力地用自己的机器压罐子，老师则一脚便把罐子踩扁了。

过分自信对创造力有哪些危险呢？

没有一个人能够有骄傲的资本，因为任何一个人，即使他在某一方面的造诣很深，也不能够说他已经彻底精通。生命有限，知识无穷，任何一门学问都是无穷无尽的海洋，谁也没有资本认为自己已经达到了最高境界而不需进步，趾高气扬。

过分自信会给那些"超人发明家"带来危害，使他们沉迷于自己的发明之中，无法看清自己发明的价值。

也许有些东西本来就不高明，所以可能没有什么可惜的。但真正可惜的是那些本来很有用处，却因为发明家过分自信使之没有真正发挥作用的发明。

过分自信会遮住事物的本来面貌，使人们看不到自己的缺陷，无法进一步改善自己。

美国政府打算制造一批苏珊·B.安东尼头像的硬币。这种硬币的发行可以减少纸币的印刷周期，因为它比纸币耐用得多；而硬币上的头像苏珊·B.安东尼是著名的女权运动领袖，在当时十分有影响力。

看来这是一个相当不错的设想，设计师们相当满意。

但结果却是，这些硬币并不像他们想象的那么受欢迎，他们为此迷惑不解。直到有一天，他们在很多自动投币机里发现了许多1美元的安东尼币——它们摸上去跟25美分的硬币几乎没有什么区别，因此被误投了进去。

如果设计师们并没有为自己的设计而过分自信的话，应该不会那么容易忽视这一缺陷。

不要相信能人会永远英明，古今中外的很多人都难逃"成功——自信——自负——狂妄——轻率——惨败"的怪圈。真正聪明的人，总是在为事业奠定一个基础后，平视自己的成就，平视周围的人，而不是仰视成就，俯视周围的人和事，这样的人才可能事业常青。

打破权威的限制

为什么中国学生在全世界都能够考出优秀的成绩，但往往缺乏创造性的突破和独立的思维呢？诺贝尔奖获得者杨振宁曾经说过："中国的学生知识丰富，善于考试，但却不善于想象、发挥和创造。"延续两千五百多年的儒家文化中形成的亲、尊、长、幼，君、臣、父、子，逐级服从的社会风尚，所要求的是孩子们必须服从父母；学生必须相信老师所讲的一切；教科书上的东西都是对的，权威的训导必须服从，科学定律不准讨论或修改。试卷设标准答案，不允许考生有所发挥。正是这些无形的枷锁钳制着人们挑战权威的勇气，禁锢了我们成长的翅膀，让我们无法飞翔。而我们真正应该做的是：不要迷信书本，也不要迷信权威，更不要被经验所束缚，拥有自己的思想，才能够拥有更加广阔的思维天空。

打破权威神话的关键是打破地位的神话和年龄的神话。

所谓知识权威，是高高在上的知识掌握者。在学生心目中，教师、书本、专家都是神圣的权威，是知识的化身，对其充满了崇拜与信赖。其实，权威的知识未必代表真理。《小学自然学习辅导》《十万个为什么》上都说，蜜蜂没有发音器官，它们在飞行时不断高速扇动翅膀，使空气振动，才产生"嗡嗡"的声音。监利县黄歇中心小学聂利同学却大胆挑战这一权威论断。她通过40多次的观察实验，得到的结论是：蜜蜂不靠翅膀振动也能发音。她撰写的论文《蜜蜂不是靠翅膀振动发音》荣获第18届全国青少年科技创新大赛银奖和高士其科普奖。她的惊人发现挑战了权威论断。不迷信权威的独立思维的品格十分难得。著名物理学家、诺贝尔奖获得者杨振宁在清华大学讲"中国青年人的胆子要大一些"。拿专家们的话来讲，现在不少孩子的思维受惯性影响，顺着成人模式来想事情，很少从相反方向考虑，这不利于从小培养孩子敢想、不唯上、不唯书的品质。可贵的是，聂利同学大胆怀疑、科学认真地求证，最后得出了结论。虽还未最后确认这个结论究竟怎么样，但小学生的挑战权威，能发现这个问题，这本身就是个了不起的事情。

从幼儿时期咿呀学语到今天，我们阅读过的书籍应该是很多了。那么，书本、老师、专家在我们心中到底是什么样的地位呢？首先，值得肯定的是，书本、老师、专家为我们提供了一种系统化、理论化的知识，这是千百年来人类经验和体悟的结晶。但是，在创造的天空里，又常常是由于对书本、教师、专家的崇拜，反而阻碍了我们探索的脚步。只有敢于突破权威束缚，打破权威神话，我们才会产生更多的创意。

正确的可能会成为权威，但权威未必正确。上面的例子中聂利同学所展现的就是一种敢于挑战书本权威的精神：通过自己的观察实验，提出了自由独特的见解。我们在一定程度上应该对教师、书本、专家等权威持有批判态度，不能盲目地崇拜。在某些时候，突破权威的束缚，可能就会有重大的发明、创造产生，为人类社会增添物质文明和精神文明成果。孟子早就说过"尽信书不如无书"，敢于对权威提出疑问，才是年轻人必须具备的难能可贵的精神气质。

打破权威神话的另一个含义是打破年龄的神话。一般来说，掌握知识权的人都是年龄长于我们中学生的人。许多人不敢挑战权威是认为自己年少，见识少，怎么可能向见识多的人挑战。年长的人当然见识多，可是见识多的人往往又比较保守和麻木，恰恰需要年轻人的冲劲和敏感。所以年轻人是未来的希望。毛泽东曾经对留学生说过一段富有哲

理的话:"世界是你们的,也是我们的,但是归根结底是你们的。你们青年人,好像早晨八九点钟的太阳,希望寄托在你们身上。"

纵观世界科技发展史,人类科技的许多重大突破都产生于科学家的青年时期。爱因斯坦26岁提出狭义相对论,爱迪生29岁发明留声机,哥白尼38岁提出日心说。人类的伟大思想家和政治家也大都是在年轻时励精图治,创立学说和事业。马克思和恩格斯发表《共产党宣言》时分别是30岁和28岁,毛泽东诵出"自信人生二百年,会当水击三千里"的诗句时,也只有20岁左右。青年时期是最富有创新精神的黄金时期,青年是天然的创新力量。有学者对1500年到1960年全世界1249名杰出自然科学家和1928项重大科学成果进行统计分析,发现自然科学发现与发明的最佳年龄区是25~45岁,峰值为37岁。正是年轻时敢于质疑、敢于挑战的精神才使人们获得了最后的成功。

那么,如何打破权威神话,超越权威呢?

首先,学会对权威进行质疑。

学贵有疑,首先我们要学会不再盲从,而是敢于质疑书本里的知识。宋代爱国诗人陆游在《冬夜读书示子聿》诗中告诫儿子:"古人学问无遗力,少壮工夫老始成。纸上得来终觉浅,绝知此事要躬行。"只从书本上得来的知识还是片面的,更重要的是要亲身实践。韩愈也曾经写道:"业精于勤,荒于嬉;行成于思,毁于随",指的是如果想有所建树,必须学会独立思考。对于书籍,我们不妨换一种视角,即我们在欣赏书籍、吸收知识的同时,也来挑挑书本里的"毛病",提出一些相反的或者不同的观点。然后把两种观点对比一下,综合起来,这样,我们的收获也许会更大。中国古语云:"学贵有疑,小疑则小进,大疑则大进。"只有学会质疑,才能够从书本的权威中走出来。

走出书本的权威,还有很多生活中的权威在影响着我们的思维。当学生的见解和老师的看法相悖的时候,怎么办呢?亚里士多德曾经说过:"吾爱吾师,吾更爱真理。"虽然我们非常感谢老师、科学家和学者为我们带来了丰富的精神食粮,让我们现在能够站在巨人的肩膀上看问题,从而看得更高、更远,但是我们依然要学会对这些学术界的权威、生活中的权威进行质疑。这是因为:科学的道路是无止境的,只有敢于质疑,才能够有勇气在科学的路上不断地探索。科学史也表明,每当科学上有重大突破和理论上有重大建树时,虽然人们总是倾向于认为已找到了最后真理,但事实却往往并非如此。20世纪量子力学、粒子物理取得了辉煌的成就以后,曾有物理学家宣布"科学已终结",真理已全部掌握,可以解释一切可能的自然现象。未过20年,航天观测发现宇宙有加速膨胀的迹象。美国航空航天局于1998年宣布,在宇宙中可能存在一种过去未发现过的"暗能量",占总能量的70%以上,对星系产生负压力或斥力,超过了物质之间的引力,导致宇宙在过去数十亿年的历史中加速膨胀。此外,还发现在占宇宙质能27%的物质中,我们能看到的和能觉察到的仅有4%左右,还有23%的"暗物质"存在,其组成和性质都无人知道,物理学尚无法解释。这犹如一桶冷水浇头,使认为"科学已终结"的人清醒了很多,同时也提醒着我们,只有不断质疑、不断探索,我们才能够拥有更多的收获。

其次,提出假设,进行验证。

当我们开始质疑书本、质疑权威、质疑经验的时候,我们已经开始学会提出问题了。那么下一步就需要我们通过努力来验证我们的质疑正确与否。可以通过查找资料、做实验、推理等方法进行验证,最后得出自己的结论。

坦桑尼亚中学生姆潘巴在1963年偶然发现,热牛奶倒入冰格一个半小时后会冻结,而先放入的冷牛奶还是很稠的液体,没有冻结。后经达累斯萨拉姆大学物理系主任奥斯波恩博士实验证明,姆潘巴发现的现象属实。四十多年来,许多论文与实验试图阐明这个现象背后的原理,但由于缺乏科学实验数据以及定量分析,至今没有定论。2004年11月起,在向明中学科技名师黄曾新的指导下,上海市3名女中学生——向明中学的庾顺禧、叶莎莎和上海中学的董佳雯开始研究姆潘巴现象。4个月来，她们利用糖、清水、牛奶、淀粉、冰激凌等多种材料，采用先进的多点自动测温记录仪，在记录了上万个数据后进行多因素分析，最后得出结论：在同质同量同外部温度环境的情况下，热液体比冷液体先凝固是不可能的。并提出了引起误解的三种可能，她们认为：只有当冰箱有温差、牛奶含糖量不同或糖没有溶解、含有较多淀粉等非液体成分时，姆潘巴现象才有可能发生。不管最后的结论是否正确，姆潘巴和这些中学生挑战书本的勇气和坚持研究的执着精神都是值得我们学习的。

敢于突破自我

一代魔术大师胡汀尼有一手绝活，他能在极短的时间内打开无论多么复杂的锁，从未失手。他曾为自己定下一个富有挑战性的目标：在60分钟之内，从任何锁中挣脱出来，条件是让他穿着特制的衣服进去，并且不能有人在旁边观看。

有一个英国小镇的居民，决定向伟大的胡汀尼挑战。他特别打制了一个坚固的铁牢，配上一把看上去非常复杂的锁，请胡汀尼来看看能否从这里出去。

胡汀尼接受了这个挑战。他穿上特制的衣服，走进铁牢中，牢门哐啷一声关了起来，大家遵守规则转过身去不看他工作。胡汀尼从衣服中取出自己特制的工具，开始工作。

30分钟过去了，胡汀尼用耳朵紧贴着锁，专注地工作着；45分钟，一个小时过去了，胡汀尼头上开始冒汗。最后两个小时过去了，胡汀尼始终听不到期待中的锁簧弹开的声音。他筋疲力尽地将身体靠在门上坐下来，结果牢门却顺势而开，原来，牢门根本就没有上锁，那把看似生锈的锁只是个摆设而已。

为什么胡汀尼无法打开门锁？

门没有上锁，自然也就无法开锁，但胡汀尼心中的门却上了锁。大师的失败在于他头脑中的思维定式，他的目标从"逃生"不知不觉中转换成了"开锁"。况且，他先入为主的概念告诉他：只要是锁，就一定是锁上的。别人并没有给他这样的限制，这个限制是他自己加上的，这就叫自我限制的障碍。在我们的心中，是否也有这样一把锁，将我们的想象力和创造力牢牢地封锁了，使我们的视野越来越窄？

1. 学会自我审视

在古希腊戴尔菲城的神庙里，唯一的碑铭上镌刻的几个字就是"认识自我"。这句话犹如一把千年不熄的火炬，表达了人类与生俱来的内在要求和至高无上的思考命题。一个人一生中最好的朋友是自己，最大的敌人也是自己，最难超越的更是自己。我们只有正确认识自己，才能对自己的心理和行为进行调整，完善自我，挖掘出自己最大的潜能。

我们认识自己吗？

当这个问题提出后，可能很多人都会嗤之以鼻——当然了！

那么，我们具有创造力吗？我们是否知道有些限制已经不自觉地影响了我们创造的动力？实际上，人类最大之谜是自身之谜，自身之谜归根结底是自我之谜。老子曾经说过，知人者智，自知者明。只有了解自己，认识自己，才能不断提高，不断超越。

在创造的天空下，每个人都是平等的，人与人之间的差别不是智力、创造力上的差别，更多的是创造性人格、心理素质上的差别，人格上的弱点往往会导致创造主体在创造过程中出现各种心理障碍。

（1）你是否有自我否定的障碍。自我否定就是不认可自己的能力。比如，或是认为自己没有创造力，或是认为自己没受过某种专业训练，等等。实际上，在创造过程中，一定的自责有时虽然必要，但过分看重自己的不足则会失之客观而造成归因上的误差，甚至导致对自我丧失信心。

（2）你是否有情感障碍。情感障碍是创造过程中经常容易出现的现象，而且也较难克服。例如，不敢冒险、害怕失败。这是由于新设想一般不能很快为社会或其他团体成员所认同，就容易使创造者因被拒绝而失去团体和社会的归属感，因而不敢冒此风险。又如，情感上的"自恋情结"，即过分看重已有的创造成果，而妨碍自己和他人做进一步改进。

（3）你是否有认知障碍。认知障碍主要有感知不敏锐、功能固定，过分遵守规则，人云亦云、缺乏独立见解，等等。

2. 突破自我

曾经有三个这样的孩子：一个孩子4岁才会说话，7岁才会写字，老师对他的评语是："反应迟钝，思维不合逻辑，满脑子不切实际的幻想。"他曾经还遭遇到退学的命运。第二个孩子曾被父亲抱怨是白痴，在众人的眼中，他是毫无前途的学生，艺术学院考了三次还考不进去。他叔叔绝望地说："孺子不可教也！"第三个孩子经常遭到父亲的斥责："你放着正经事不干，整天只管打猎、捉耗子，将来怎么办？"所有教师和长辈都认为他资质平庸，与聪明沾不上边。这三个孩子分别是爱因斯坦、罗丹和达尔文。每个孩子都有一座属于自己的天堂，如果我们不能发现它，那是因为我们还缺少一双智慧的眼睛。

（1）突破自我在于了解自我。人的成长过程是认识自我的过程，也是完善自我的过程。我们要以认识自我为基础，不断地完善自我。"金无足赤，人无完人"，每一个人多多少少会有一些不完美的地方。并不能因为存在不足就全盘否定自己。我们出生的时候是一个比较粗糙的模型，经过生活的不断历练，我们才能够把自己塑造得比较完美。任何一个人都可以在实践中克服自身缺陷，改正缺点，不断丰富和完善自我。完善自我是一个永无止境的过程，什么时候都不能停滞和满足。人总是不断地站在新的起点，追求新的人生境界，在新的境界中升华。古人说过"修身、齐家、治国、平天下""吾日三省吾身"，实际上说的就是完善自我。完善自我，促使每个人按各自的目标前进；完善自我，挖掘人类潜意识，不断努力，创造辉煌，现已成为这个时代的共识；完善自我，是不断进步、走向成功的必然要素。

（2）突破自我在于敢于尝试。创造不是一帆风顺的，通向成功之路必定要经历许多失败。许多人一生平庸，无所创新，就是因为安于平稳、害怕失败、不敢冒险。我们在成长的过程中要突破这种创造情感上的障碍，不断完善自我。

突破创造情感上的障碍、完善自我，首先要敢于冒险、敢于创新。对待任何新的事物多问几个为什么，即使存在一定风险，也要敢于挑战。大多数中国的孩子都因为小时候喜欢拆玩具，曾经有被父母责怪的经历，然而这些父母却不知道，正是自己扼杀了孩子创造的天赋。

3. 超越自我

读过《林肯传》的人可能了解，他在21岁时做生意失败；22岁时，角逐议员落选；24岁时，做生意再次失败；26岁时，爱侣去世；27岁时，一度精神崩溃；34岁时，角逐联邦众议员再度落选；45岁时，角逐联邦参议员落选；47岁时，提名副总统落选；52岁时，当选美国第16任总统。如此多的经历使得我们不得不佩服他。正因为在林肯遇到困难的时候没有气馁，而是不断超越自我，才最终取得了成功。

众所周知，克服困难是最不容易的事情，这需要人的不断努力和坚持。只有不断努力和坚持，人才能不断成长，最终有能力克服困难。所以，无论在何时，一定要培养自己克服困难的勇气和能力，只有这样，才能成为为人所羡慕的成功人士。

超越自我，是在对自己做出正确评价的基础上，对未来充满信心；是在创新活动中不盲从，不随俗，不受旧的习惯势力的限制和约束，不屈从外界压力而能坚持自己的见解；是坚持顽强的创新意识，否则就算最简单的事情，也不能做到。以超越的态度去面对成功和失败，把成功和失败都看作下一次超越自我的激励。成功不是一座山，别让它挡住我们前行的路。失败是我们成功的垫脚石，只有不断积累，我们才能走得更远。我们不是被别人打倒的，而是被自己打倒的。心理学家指出：绝大多数人都有可能比现实中的自己更强大。每一个普通人只运用了其能力的10%，还有90%的潜能可以挖掘。

冲破"一分钟障碍"

在人的一生中，相信都曾经有过障碍，不管多么努力，可是总是有个无形或有形的障碍横在眼前，让自己无法跨越：业务员费了许多心力，可是理应到手的订单飞了；运动员日夜苦练，却总是无法打破纪录；小职员努力表现，结果干部空缺由旁人填补；生意人用尽心力，还是赚不了多少钱……于是有人心灰意冷，有人颓废丧志，在障碍之前纷纷倒下去。

最近蛙式游泳的"一分钟障碍"，终于被一位选手突破了，这是个好消息，不但证明了"天下无难事"这句话，也证明了宇宙间没有任何事是绝对的。

既然没有一件事是绝对的，那么一时的失败，就不要气馁，因为障碍是不会永远存在的。但是成功了的也别太得意,因为世事变化太快,谁也不知道下一分钟会发生什么。

那么,该怎么办呢?有些伟人的思考模式可以供我们参考,看看麦克阿瑟将军怎么面对这个变化无常的人生吧!

被称为"自华盛顿总统之后,最伟大的军事家兼政治家"的麦克阿瑟将军,确实是位能文能武、满腹军政韬略的伟人,他不但擅长领军作战,有勇有谋,而且充分了解政治运作。在军事政治上,他接受挑战无畏无惧,而平日里的麦克阿瑟,却是毫无骄气、平易近人的人,就是这种亲和作风,帮他赢得了无数朋友,减少了许多政敌。

从麦克阿瑟将军的回忆录里,可以看出他的个性是从小在父母的教育下塑造而成的。有一次麦克阿瑟和父亲玩牌,他见到手中的一副好牌,四张Q,不禁大喜,兴奋而不假思索地就推出了全部筹码。他的父亲不动声色,注视着他那一副赢定了的模样,然后面无表情地将手中的牌摊开。

"怎么会呢?你怎么会有四张K?"麦克阿瑟大叫。

他的父亲停下手中的动作,一个字一个字地对他说:

"天底下有什么事情不可能呢?儿子,你要记住,生命里没有一件事是绝对的,你随时都要战战兢兢,因为每一件事情都是相对的。"

是啊!既然每一件事都是相对的,那么其中的变化可就大了,难怪麦克阿瑟将军对人对事都兢兢业业小心谨慎,因为天底下没有绝对不会发生变化的事情。但是反过来说,"一分钟障碍"也不会永远是个障碍!

看到一些叱咤风云的大企业家,大家都很羡慕,可是却看不到在他们站起来之前,有多少的辛酸与无奈。仔细想想,世上有许多叫人心生羡慕的成功人士,如果他们最初无法突破自己的"一分钟障碍",我们现在绝对不会知道这个人。

松下幸之助也是历尽沧桑,突破最后的"一分钟障碍"才站起来

的企业家。

知道了松下幸之助当初潦倒的凄惨状况,你我就该庆幸自己要比他幸福的太多了。拖着一个肺结核的身子,一天不工作就没有饭吃,他心想,咳死总比饿死要强,于是打起精神来全力一搏。他发明了一种特殊插座,投入仅有的一点积蓄,以为可以由此出发,但是没有想到因为无人问津而结束了生意。

许多最后一蹶不振的人,就是在失败的关键时刻,无法打起精神坚持下去,松下幸之助却不如此,他仍旧毫不气馁地另外寻找适当的出路。他改良了自行车灯——新炮弹型电池灯泡,寿命要比原来的车灯多几十个小时,而且价格也低很多。但是,没想到市场还是不接受,松下幸之助的资金耗尽,到了最后关头了。

经过再三思考,他决定将新产品交由自行车店托售,并且将灯泡放在橱窗内全天候亮着,顾客进进出出看见这种新产品,渐渐消除了疑虑,对新产品的不信任感消失了。终于,新灯泡的销售获得了前所未有的胜利,各家批发店也纷纷上门订货。

突破了"一分钟障碍"的松下电器,由炮弹型电池灯泡开始,积聚资金也打出了名气,从此一跃而成为日本属一属二的大企业。

碰到自己的"一分钟障碍"时,冲不过去将是非常可惜的事情。这时就该放下执着,冷静、客观地检讨失败的原因到底在哪里。上班族应该先检讨工作上的实质贡献,如果贡献不少,就要想想人际关系上是不是出了问题;生意人要先检讨产品的特性及品质,如果十分优良,就要想想是不是该在销售上想些震撼的点子;学生要先检讨自己够不够努力,如果确实很努力,就要想想是不是读书的方法不对。

明知该去做的事,该去读的书,挣扎了半天还是没动,这也是"一分钟障碍"。

总之,障碍的存在,绝对是有原因的,冲破"一分钟障碍"的游泳选手,当初必然是克服了心理上的抗拒,找出了改良的姿势,变化水流阻力的方法,才突破了无人能打破解的纪录障碍。但是,"一分钟障碍"并不是破解了就不再出现了,人如果想要进步,就得像逆水行舟,不断突破路途上所碰到的一个又一个的"一分钟障碍"。

但是,突破"一分钟障碍",考上了大学,并不表示这个光环能罩你一辈子。同样的,当上了主管,也不表示你就永远坐得住,更不见得还有更高的位子等着你,人生的任何角落都会有"一分钟障碍",这一切,都得靠自己不断突破!

想想看,目前你的"一分钟障碍",要怎么去破解呢?

大多数人重视技能培养、知识传授,却往往忽略了资讯收集的重要性。

当你上街买电器时,是四处看看不同品牌的产品,比较一下它们的功能、价钱之后再决定买哪一种?还是不管三七二十一付钱买货?前者就是收集资讯,货比三家,吃亏的可能性要比后者低许多。

这就是问题点,很多人认为做事情还要先收集资讯,太麻烦了!

西方人很注重让孩子从小自己去收集资讯,所以很小的孩子就得常跑图书馆。我们的教育现在也开始注意到这个问题了,这是好现象,但是孩子长大后,会将这种好习惯延续用在工作上的实在不多。

也许你会怀疑,资讯收集真的有那么重要吗?想想看,什么叫作瓶颈?什么又叫作障碍?必然是脑袋里的资讯不够,没办法让思考延伸扩大,找到有效的解决办法,突破困境。这个时候,就要靠四处收集有用的资讯,来帮助自己跳出思考的框框。

有名的思想家爱默生,从17岁开始写日记,详细记录各种事件和旅行、读书、交友的心得,以及四季变化、植物成长等现象。他整整写了55年,共有234本日记。他称这些日记为他的"储蓄银行"。

我认识一位保险业主管,只是一味地要求业务员"去跑客户啊!"于是业务员就遵照他的指示,每天夹着公事包出门,像无头苍蝇似地去拜访客户,纯粹只靠碰运气,看看瞎猫是不是真能碰到只死老鼠。这样子做生意，生意怎么会好呢？

　　游泳选手的"一分钟障碍"，也是需要靠收集资讯才能够突破的。双手划动时，水流的速度是多少？身体四肢的倾斜度和水流的阻力有无关系？能不能得到这二者之间的对应数据……每位突破者，都会用一些有用的资讯，来帮助他们找到自己的"突破点"。这个突破点，就是他比别人更胜一筹的关键。

　　但是，收集资讯有个重点，那就是不仅要正面去收集，也要懂得反面去收集，即要全面收集。有时候反面的资讯对自己会更有帮助，因为缩小了范围，只须针对这些反面的问题点去努力就行了。

　　像在收集客户资讯时，除了要清楚这家客户的背景、需求、原来的供应商等资讯之外，还要去了解他的挫折、对原来供应商最不满意的地方……在公司里对上司做简报，也应该收集一些正、反面的例子做参考。想要创业时，要更多收集正反面的资讯，不能只是看好一面，也要对可能遇到的挫折有。在付出金钱和心血之前，要用智慧从这些资讯之中，看到自己的未来，再去决定该不该走这条路。

　　"怕麻烦就有麻烦，不怕麻烦就不麻烦"，这句话要记时刻在心里，事前做好资讯收集工作，是成功的条件之一。

第八章

右脑改革,让创造力左右开弓

在生活中每个人常常使用自己的左脑,把潜力无穷的右脑搁弃一旁,殊不知这是我们人类自己最浪费的资源。右脑所特有的想象力、创造力、超高速记忆能力和灵感等是人类巨大的资源宝库。要想培养真正的创造天才,就得要把拥有巨大潜能而又处于沉睡状态的右脑开发和利用起来!

了解你的右脑

学过生物的人都知道，人类的大脑分成左、右两个大脑半球，两半球经胼胝体，即连接两半球的横向神经纤维相连。这两个大脑半球有着不同的分工。通过大脑切割实验，美国斯佩里教授证实了大脑不对称性，并提出了"左右脑分工理论"，这一理论对生理学的研究起了重要的推动作用，所以斯佩里教授在1981年荣获诺贝尔医学生理学奖。

如果按照这一理论，我们可以得知人的右半身的神经和器官是由左脑支配的，左脑主要有语言中枢，负责人的语言、分析、逻辑、代数的思考、认识和行为。换言之，逻辑思维是由左脑产生的。而左半身的神经和器官是由右脑支配的，在大脑右半球中没有语言中枢。虽然没有语言中枢，但有接受音乐的中枢，可以进行思考。而正因为右脑的存在，人类才得以观赏绘画、欣赏音乐、凭直觉观察事物……

左右脑的分工，使左脑抽象思维的功能较发达，而右脑形象思维功能较发达，右脑在大脑思维中起着独特的作用。

与左脑相比较而言，右脑有更大的情报容量。通过研究发现，人类所获得的大量信息都是存在于右脑中，并且得以被人记住。在大脑的记忆过程中，人类通过各种形象将事物记录下来，其工作原理与录像机相似，在这个过程中，所有被记忆的事物都会在右脑中留下痕迹。所以，右脑的情报容量更大。

如果用更形象的说法就是，右脑是一个书架，而书架上的录像带就是"书"，而这么多的"书"是如何区分的呢？当然是有标签注明的。而帮助它们注明标签的就是左脑。而回忆就是根据标签从众多的录像带中找到自己所需的内容并同时连同前后相关内容一起回忆。而在人进行思考的时候，往往是左脑观察提取右脑所描绘的图像，与此同时，左脑还要将看到的图像符号化、语言化。换句话说就是通过左脑的逻辑处理，右脑储存的形象的信息变成语言的、数字的信息。

在人的大脑中，人类所有的记忆都在左脑中，是由语言中枢所管理的。然而，左脑储存信息的容量是非常有限的。与此同时，右脑有着较大的存储信息容量。如今时代是一个信息爆炸的时代，如何充分开发右脑，才能掌握更多的知识呢？当然，这需要左脑的配合。由于左脑有处理信息的功能，所以可以把左右脑中的记忆联合起来，进行加工，最终使个人思维通过形象的、创意的形式展现出来。

此外，右脑与左脑的另一个重大区别是：左脑储存和掌管的是近期的和即时的信息，而右脑则是遗传信息的宝库。

根据达尔文的进化论，低等动物是没有左脑的，只有右脑。当它们进化到高等动物的时候，例如人，就出现了左右脑的区分。左脑是记录着人出生以来的知识。而右脑是任何动物都有的，储存从古至今人类进化过程中的遗传因子的全部信息。如果刚出生的婴儿左脑受损，仍然可以吃奶，如果是右脑受损，那就丧失了人的本能，与低等动物没有什么区别了。

左脑和右脑储存的信息量是大不一样的，如果说人生短短几十年积累的知识是一滴水的话，右脑存储的祖先千百万年遗留给我们的遗传信息则是一片汪洋大海！

如果人生想过得更好，应该正确使用、开发右脑。虽然在人的日常生活中，左脑的使用频率更高，因为左脑掌管语言功能，任何时候我们说话都离不开左脑。但如果仅靠左脑生活，那么就会处于一种单调、乏味的生活状态。在左脑的统治下，人类无法过五彩缤纷的生活，更不会从更为广阔的角度来思考人生。而右脑是人类遗传信息的巨大宝库，如果你学会用右脑思考，就会了解更多的信息，在思考问题的时候能有更广阔的视角，发现生活中的更多乐趣。

正因为右脑是人的"祖先脑"，它具有一些人类与生俱来的本能，比如说右脑具有直觉功能——预感。

许多成年人都有这样的经历，有时烦躁不安，总感到有什么事要发生，而往往特别的事也就真的发生了。有一些人在梦中出现将来发生的某种变故的梦兆，更是屡见不鲜。

为什么会有这种情况发生呢？经过研究发现，睡梦中的人们的有意识的思维是受到压抑的，白天主要的左脑正在休息中，而主管形象思维、想象力的右脑这时十分活跃，并能在入梦和梦醒阶段将意识贯通。所以，就会出现"日有所思，夜有所梦"的事情，在人们梦醒的时候就能对即将发生的事做出准确的预知。与此同时，如果你处于一种非常平和的状态中，不被受到任何干扰，你也可能准确预知未来发生的某些事情。例如，在你洗澡或身体感到特别放松的时候"出神"，就可能把原先一直困惑不解的问题找到答案。

右脑的知觉预感力是让人非常惊讶的。虽然在现有的条件下，很多出现成功预知的事情无法证明，但这的确引起了人们的关注。所以，如果一个人想要成功，一定要善于使用右脑。

因为人直观的、综合的、几何的、绘画的思考认识和行为主要是由右脑负责的，所以，在日常生活中，人们在进行思考的时候，右脑承担着非常重要的形象思维功能，这对人是非常重要的。

右脑的形象思维是凭借头脑中储有的表象进行思维的，它与语言没有关系。而左脑的逻辑思维和推理，是依据现有知识并在现有理论的框架内得出结论，不产生新的知识。从这个方面来说，左右脑的区别是：右脑孕育新的知识，而左脑则不能。

其中最为典型的一个例子就是：在20世纪80年代，诺贝尔奖获得者李政道每当回国的时候就会倡导科学与艺术的结合。当时，在北京召开"科学与艺术研讨会"的时候，他把很多著名的画家都请来了，邀请他们"画科学"。他所说的"科学"都是近代物理最前沿的课题，涉及量子理论、宇宙起源、低温超导等领域。当时，这些画家们通过自己最擅长的右脑形象思维的方式，把李政道所出的画题都展现了出来。当我们欣赏这些画作的时候，无不为它们的气势磅礴所感染。这是无法用语言表达的。

由于人的大脑有不同的分工，所以，每一部分的发达与否都会对人的整体能力产生影响。然而，人的创造力是与右脑思维密切相关的。在人进行思考的时候，左脑就会观察右脑描绘的图像，与此同时，它也会把这些图像符号化、语言化。简而言之，左脑负责把右脑的形象思维转化为语言。

在日益激烈的国际竞争中，各个国家都在强调国民的创造力，这究竟指的是什么呢？其实，创造力就是将头脑中那些被认为毫无关系的情报信息联结、联系起来的能力。虽然很多信息之间并不存在联系，但在人的大脑作用下，它们可以发生联系，并产生神奇的力量。这个过程强调的不是创造信息的能力，而是对信息进行再加工的能力。这个过程主要是右脑的参与。如果右脑中没有足够的知识储备，那根本就不可能有创造力这一说。在人的创造性思维中，其最为关键作用的是直觉，但直觉不是凭空产生的，它需要右脑直观的、综合的、形象的思维机能发挥作用，并且要求左脑很好地配合。所以，如果我们想有一些新奇的、创造性的想法，我们必须依靠右脑。

在这里，我们一再强调右脑的重要性，并不是说左脑是可以被右脑替代的。事实上，右脑永远不可能取代左脑。对于人而言，左脑是不可或缺的，因为右脑通过左脑才会对人产生作用。右脑储存的大量信息、它的知觉都必须经左脑的语言描述和逻辑加工才具有最终的价值，左右脑的通力合作构成完整的思维活动。但在现阶段，右脑并没有被我们开发出来，所以在今后的日子里，在充分发挥左脑作用的前提下，要充分地使用和开发右脑。

左撇子的天赋：知觉、创意、敏捷

在日常生活中，我们会看到很多人在吃饭的时候用左手拿筷子，或者是写字的时候用左手，我们习惯上叫他们"左撇子"。

其实，当人们分别用左手和右手做同一件事情的时候，你会发现结果是非常不一样的。例如，画人像的时候，用右手画出来的人面向多是左，而用左手画的人恰恰相反。在画其他物体的时候，情况也是如此。

平时，我们经常会听到有人这样说："左撇子的人更聪明。"或许我们曾经对这句话产生过怀疑，但事实的确如此。因为左撇子右脑更为发达，具有更强的空间认识和形象思维能力。由于右脑更容易感知世界，它会使人头脑更灵活。我们可以举个例子，如提出"相对论"的物理学家爱因斯坦，有人认为他左脑特别发达，但事实证明，他左脑不发达，因为学法语时是非常困难的，反而艺术思维很发达，喜欢拉小提琴、画画、驾帆船和想象。所以，爱因斯坦的右脑是更发达的。正因如此，他才取得了如此高的科学成就。关于爱因斯坦还有这样一个故事：有一年夏天，他躺在一座小山上昏昏入睡，他梦见自己骑着光束到达了宇宙遥远的极端，发现自己"不合逻辑"地回到太阳表面。当醒来之后，他忽然意识到宇宙本来就是弯曲的，而且认识到他以前学到的"合乎逻辑"的知识是不完全的。于是，爱因斯坦迅速把自己梦到的情景转化为语言，记录下的数字、公式和词句就成了"相对论"。

在1968年，当时出版意大利文艺复兴时期的散文诗《塞莱斯蒂纳》的主办方邀请已经87岁的毕加索作插图。虽然毕加索正在走向生命的尽头，但他在艺术探索上没有丝毫懈怠。毕加索说："画家将他的眼中所见打碎，同时赋予它另一种生命。他必须透过其他人眼中的现实世界，看到他的真实。"所以，作为几乎不会对实物进行临摹作画的毕加索说："我不是在寻找，而是在发现。"

众所周知，"艺术不是真理。艺术是一种谎言，它教导我们去理解真理。"这句名言就是毕加索所说的。在他看来，"画家，该让自己的眼睛像脱离樊笼的金翅雀那样，金丝雀离开了笼子，鸣声才好听。"可见，毕加索之所以能成为20世纪最伟大的艺术家，归根结底在于他拥有独特的右脑思维。

的确，在想象上，左撇子有着更广阔的空间。这在建设领域也是非常适用的。伟大的建筑师之所以能够在二维的平面上设计三维的物体和建筑，正是因为他们有发达的右脑思维。所以，这个领域的优秀人才往往是左撇子。

根据美国和日本做的一些统计可以发现，左撇子的人更容易成功。其中最为典型的例子是意大利文艺复兴的三杰：达·芬奇、米开朗基罗和拉斐尔，他们全是左撇子。另外，近代电子游戏制作大师宫本茂也是左撇子……

如果仔细观察，我们还会发现美国的总统多是左撇子，很多学者都对其表示了自己的看法。哈佛大学的认知与教育学教授哥纳德在他的著作《领导的灵性——领导风格剖析》一书中指出，领袖之所以能够成为领袖是因为他能够见微知著，以非传统的方式思考问题。在进行多元思考和寻求解决问题的办法时，左撇子的人做的更好。另外，他还指出，在概念化及规划竞选活动中，左撇子更出众，所以更能胜任领导。

而哥伦比亚大学的心理学教授科蓝在《左撇子综合征》一书中则写道：左撇子喜欢强势主导，好胜且冷静。除此之外，科蓝教授还说如今世界中更多的人还是右手族，所以左撇子面临的压力更大，但压力又往往是动力，所以他们更出众。无数事实证明，无论是在科学领域还是在政界，左撇子有着更大的影响力。

左撇子的敏捷则成为体坛永久的话题。一般来说，对于不需要进行面对面搏斗的运动，如游泳、田径、射击等，左撇子运动员占的比例较其在人口中的比例并不高。然而，对于那些选手在比赛中靠得更近的面对面搏击项目，如击剑、乒乓球、篮球等，左撇子运动员比例远远高于左撇子在人口中的比例。在最典型的搏斗项目击剑中，1979至1993年进入世界锦标赛四分之一决赛的选手中，一半的男选手和三分之一的女选手是左撇子。乒乓球界多年由左撇子称霸，网球则长期为左手族称雄，美国的NBA，也是左撇子特别突出。

在生活中，由于左撇子更多用右脑来思考，而右脑原来是掌控着人的形象思维及官能反射，因此用左手的人会比常人有更多创意，对身边的事物亦会比较敏锐。

来自心中的影像

心像，顾名思义就是出现在心中的影像。它不一定是真实的，可能是真实世界在大脑里的反映，也可能本身就是大脑的私家作品。由于心像是以图像的形式存在的，所以它和右脑的关系相当密切。

当一个人看见自己心像的时候，他的注意力将从外界移到内部世界，外界信息接收降低，而成像又属于右脑的工作，左脑基本处于无事可做的状态进而休息。

右脑不断进行图像处理，想象力和潜意识成为工作的主力，随着心像练习的增多，强度的增大，右脑也就得到了相应的训练。

（1）心像训练之白光心像法：

①放松地坐在椅子上，进行腹式呼吸。

②注意力放在鼻尖处，保持一段时间，直到感觉眉心上方的额头上有些痒。

③感觉自己已经打开了额头上的第三只眼睛，想象那里出现了一个小圆点。

④想象小圆点逐渐变大为发光的球体，越来越亮，成为一个白色闪光球体。

⑤凝视球体，感到它慢慢变大充满你的整个大脑，进而扩展到整个身体。

⑥光芒从身体中溢出，将你笼罩在光环中。

⑦光环逐渐收缩，变回体内的小球，再慢慢变回眉心的小点。

⑧小点消失后眼前一片黑暗，黑暗中开始出现一些彩色清晰的图像，你感到自信积极。

（2）心像训练之黄卡残像训练法

①制作一张黄色卡片，卡片中心处有直径为3.5厘米的蓝色小圆形。

②把卡片放在离眼睛30～40厘米的地方凝视。

③30秒后迅速拿开卡片，将目光投射到对面的白色墙壁上，墙壁上出现卡片的互补色（即蓝色）。

④看着残像直到它消失。

⑤多练习几次，延长残像停留的时间，随着右脑开发的加深，你将在残像中看到卡片的原色以及卡片上的圆。

（3）心像训练之图形卡片训练法：

①制作有明显几何形象的卡片。

②将卡片放在眼前30～40厘米处，凝视20～30秒后闭眼。

③感觉双眼之间出现物体形状的残像。

④通过训练延长残像存在的时间和清晰度，之后则无须利用卡片，而是找身边任意物体进行练习。

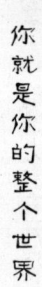

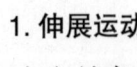 左侧肢体小体操

1. 伸展运动

（1）站直，左臂向左侧平举。

（2）左臂向前画圈，圈由小到大，然后向后画圈，圈由大到小。

（3）左臂下垂，然后从左侧伸直上举到左耳处，头不动。

（4）左臂返回原位。

（5）重复4次以上。

2. 上肢运动

（1）站立，背部挺直，左手握拳。

（2）左上臂用力，带动整个左手向上举起，直到左臂紧贴左耳。

（3）缓慢屈肘然后再次伸直，仿佛手中握有哑铃。

（4）左上臂用力，带动整个左手回到原来的姿态。

（5）重复4次以上。

3. 下肢运动

（1）仰卧床上或垫上。

（2）左腿脚尖绷直，向上抬到90°角，再缓缓放回原处。

（3）左脚抬起30°角，画圆，臀部不可离地，左腿亦不可触地。

（4）重复8次以上。

4. 整体运动

（1）站直，左手往上伸，贴近左耳。

（2）身体向左倾到极限，保持腰部以下不动。

（3）左脚向左侧滑出，放低身体使左手逐渐触地。

（4）返回站直的姿态。

（5）重复8次以上。

5. 腰腹运动

（1）俯卧，左手微弯放在头后。

（2）左脚向后抬起，头部和左手抬起，肩部离地。

（3）保持几秒钟后还原。

（4）重复8次以上。

6. 力量运动

（1）左侧身体对墙壁，左手撑墙，微微弯曲手肘。

（2）用力推墙壁，弹起身体，手微缩向肩膀。

（3）当身体下落时出手，再次推墙壁、弹起身体。

（4）重复8次以上。

7. 跳跃运动

（1）抬起右脚，用右手在臀部处握住右脚脚踝。

（2）以左脚单脚跳跃。

（3）重复20次以上。

8. 放松运动

（1）抖动左手，耸动左肩。

（2）左脚脚尖触地，以左脚脚踝为圆心扭动。

（3）向前、向左侧分别踢左腿。

（4）重复8次以上。

舞动你的手指

著名哲学家康德说过："手是身体的大脑。"人的手在大脑皮层所占的区域和双腿所占的区域几乎相等，而仅仅拇指和食指在大脑皮层所占的代表区，就比整个胸部所占的总面积大几倍。因此，手指传递给大脑的信息在各个器官中名列前茅，而大脑下达给手指的指令也最为频繁。

所以，手指运动对大脑开发的意义毋庸多言，苏联著名教育学家苏霍姆林斯基一语道破其中的紧密联系："智慧在手指尖上，手使脑得到发展，使它更加聪明。"想要积极开发右脑，我们需要利用手指运动达到两个目标，一是开发闲置的右脑，二是培养左右手，也就是左右脑工作时的配合与协调。

下面推荐一套简单易学的手指操，随时随地都可以让手指得到锻炼，满足以上两个目标。

1. 单指屈伸

（1）左掌直立，掌心向内。

（2）大拇指屈伸一次后不动，然后食指、中指、无名指和小指依次屈伸一次。

（3）左手依然直立，变掌为拳。

（4）小指竖起然后卷回，无名指、中指、食指和大拇指依次做一回。

（5）左手放下，右手重复左手刚才的动作。

（6）左右手各做一次后，双手同时再做一次。

2. 合掌推指

（1）双手在胸前合十。

（2）两拇指相对屈伸一次还原，两食指、两中指、两无名指和两小指依次屈伸一次还原。

（3）反过来做一次，即次序为小指、无名指到拇指。

3. 分指合指

（1）左掌直立，将大拇指和其余四指向两边分开用力，以大拇指和食指呈一直线为佳，保持几秒钟后还原。

（2）食指紧贴拇指，与其余三指向两边用力分开，使食指和中指之间的角度尽可能大，保持几秒钟后还原。

（3）无名指紧贴小指，与其余三指向两边用力分开，使无名指和中指之间的角度尽可能大，保持几秒钟后还原。

（4）小指和其余四指向两边用力分开，使无名指和小指之间的角度尽可能大，保持几秒钟后还原。

（5）放下左手，右手重复刚才的动作。

（6）左右手各做一次后，同时再做一次。

4. 组合捏指

（1）左掌直立，运动中除了捏指的手指，其余手指保持不动。

（2）拇指和食指相捏：食指抬起，拇指和中指相捏；中指抬起，拇指和无名指相捏；无名指抬起，拇指和小指相捏。

（3）拇指、食指、中指相捏：食指抬起，拇指、中指、无名指相捏；中指抬起，拇指、无名指、小指相捏；无名指抬起，拇指、食指、小指相捏；小指抬起，拇指、食指、无名指相捏。

（4）分别除小指、无名指、中指和食指，其余四指相捏。

（5）左手放下，右手重复刚才的动作。

（6）左右手各做一次后，同时再做一次。

5. 对指转指

（1）两手相对，左手五指分别对上右手五指，手指微弯。

（2）其余四指对不动，两拇指分开相互绕圈，先顺时针后逆时针，然后左手顺时针右手逆时针，再换为左手逆时针右手顺时针。

（3）拇指停下后恢复对指，食指对、中指对、无名指对和小指对依次分别做相同的绕圈动作。

6. 握拳放拳

（1）双手紧紧握拳，保持数秒，感觉拳头紧得不能再紧。

（2）瞬间放拳，五指分开往外伸，保持数秒，感觉每个指头都伸到极限。

（3）重复数次。

7. 手指力量

（1）双手手指交叉握拳，屈肘放于胸前。

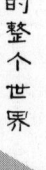

（2）两手使劲往外拉，感觉手指在用力保持握拳状态，保持数秒。

（3）放松，休息数秒，重复上面动作。

8. 放松手指

（1）五指分开，左右手一起随便弹动手指，仿佛在弹奏空中的一架钢琴。

（2）双手手指交叉用力，感觉到相互之间的力量在对关节进行按摩。

（3）右手按摩左手手指，左手按摩右手手指。

（4）抖动双手，消除疲劳。

"双手互搏"练大脑

双手互搏是金庸小说中老顽童周伯通自创的功夫。学会这路武功的人，可以左手打一套拳，右手耍另一套掌，而这其中的原理之一，就是要求右脑能独立掌控左侧躯体，而不是跟在左脑后面亦步亦趋。不过，左右互搏并不好练，聪明如黄蓉也未能学会，所以我们一开始只能从简单做起，一点点锻炼右脑，为提高右脑独立性，增强它的功能以抗衡左脑对身体的影响而努力。

如今很多人都主张开发右脑，这也得到了很多专家的提倡和认可。但是，我们应该明白所有自身潜能的开发都需要有平衡的大脑和身体。而让身体和大脑平衡最简单的做法就是锻炼同时使用双手。下面来教你一些练习左右开弓的方法，这种练习主要是针对你平时不太使用的手。

大家可以通过反向练习即用你平时的习惯相反的方式练习十指交叉，抱胳膊或者翘腿。

使用你的非优势手——开始时先在一天或一天中的一段时间试着用你的非优势手，用它开灯、刷牙、吃饭。在笔记中记下你的感觉和发现。刷牙倒是不难，但用筷子就比较难了，如果从小就锻炼同时使用双手，就容易得多。

如果你平时使用右手写字，可以尝试着用左手写字。在用左手写字的时候，你可以想一个主题进行下意识的写作，在这个过程中，你会发现自己的思考方式得到了改变，这样可以培养自己的直觉。如果仔细观察，你就会发现很多的书法家左右手都是可以写字的，这样可以使得字形更多、更好看。小说中有这样的故事，主人公会双手写手，平时只表现出一个手的字体，然后在关键的时候用另一手写出不同的笔迹，来迷惑对方而最终取胜。

在日常生活中写字和画图的时候，你可以尝试一下同时使用双手。可以在纸上练习，也可以在黑板上练习。画几个圆圈、三角和正方形。用双手同时签名。不少著名的画家都可以同时使用双手作画，米开朗基罗和达·芬奇都可以这样做。你也可以试试，不过最好要坚持下去，做个计划，每天练习一段时间，一个月后看看效果。

电视节目中偶有嘉宾表演双手齐书，左手写上联、右手写下联一气呵成，通过锻炼，你也可以做到这一点。在心里想好要写哪两句话，一般是诗歌或者对联，然后左右手同时书写，两手分别写其中的一句。多写几次，看看字是不是写得更好，排列是不是更加美观整齐。

尝试写反体字：平时可以尝试写反体字。这虽然看起来很困难，但经过一段时间的练习之后，必然变得非常容易。

两侧交叉提神练习：从背后用左手去触摸右脚，然后用右手触摸左脚；抬起右膝触及左手，然后抬起左膝触及右手……可以多做几次。

这个练习会帮助你在学习、工作或者面对创造性挑战时清爽精神，你可以试试看。

学习魔术或杂耍：最简单的就是用两手拿三个球向上抛起，看是否能使其循环转起来。试试看，很简单的技巧，非常容易。

你可以尝试一下上面提到的方法。虽然看起来不是很容易，但经过练习之后必然不困难。无论怎样，它们对开发你的大脑开发非常有用，而且是种很酷的技能，练成功之后可以给你的同学表演。

十点五十五分训练法

回想一下，当十点五十五分的时候，时针和分针在哪个位置？如果回想不起来，不妨看看手表、闹钟，甚至可以试着把它们拨到十点五十五分看看。

我们可以知道，在这个时间点上，时针和分针几乎是重合的，一眼看去，很难马上看出到底是几点几分，必须反应一下才能知道时间。在这个过程中，我们摆脱了平时接收和处理信息的模式，没有依靠既定思维，也就是说，逃离了左脑的控制。

我们习惯使用左脑，也习惯用左脑的方式去处理问题：看见文字，我们的第一反应是看看写了些什么。看见钟表数字刻度，我们会习惯性地按照经验直接判断时间。看见一张图片，我们会直接认为这上面画了什么就是什么，而不去深究背后的意义。这就是左脑的处理方式，所见即所得，看见什么我们就判断它是什么，想要让我们的行动和思维摆脱左脑控制，我们就需要进行俗称的十点五十五分练习。

立体视觉图片是一种利用人体眼睛立体视觉特性，经过特殊处理的图片，当采用特殊方法看这类图片的时候，画中隐藏的另一幅图将会浮现出来，并表现出极强的三维效果。

这是因为每个人的眼睛都有一个视界范围，当图像出现在人眼睛和两眼聚焦点之间，就会出现视野重叠现象，当这个距离刚好在一个尺度的时候，画中字迹与字迹重叠的部分就会呈现出事先设计好的图案，形成三维效果。而在这个时候，你第一眼看上去密密麻麻一大片的图案则失去了意义，通过找出这幅画中真正的画的过程，锻炼了你右脑的观察能力，经常进行这样的锻炼，能使右脑养成主动迅速观察的习惯，而不会坐等左脑将第一眼看见的东西如实但毫无意义地汇报给大脑等待处理。

怎样看三维立体画？

方法一：手指法

看之前闭眼休息3分钟后睁眼，在双眼前25～30厘米处竖起两根手指，视线越过手指看手指后面的东西，发现手指变为四根，然后调节手和眼睛的距离，使得四根手指中间的两根合而为一。不要急着眨眼或把眼光放到图片上去，而是缓缓移动头，把目光投射到图片上，将眼和图的位置调节为眼和手差不多的距离就可以看到了。

方法二：全貌法

向远处眺望，慢慢将视觉注意力转向图片，尽量保持眼球不动和不眨眼，忽略图片上的具体内容，模模糊糊地感受全貌。当模糊的图片越来越清晰的时候，立体图像就出现了。

方法三：移动法

先将眼睛贴近图片，然后慢慢拉开距离，但不要主动把注意力放到图片上，目光不要在图片上聚焦。越拉越开，等图片由模糊变得逐渐清晰的时候，微调图片和双眼的距离，直到三维效果呈现出来。

看见三维立体效果的秘密：在一张白纸上隔3～5厘米画两个明显的点。用前面介绍的方法看这两个点，先看成四个点，再把四个点看成中间一个点，这就是能看见三维立体画的秘密了。

为右脑睁开的眼睛

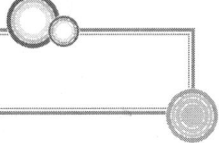

右脑开发需要强化图像信息摄入，重点在于眼部的锻炼，下面几种方式都能有效地锻炼你的眼睛，开发你的右脑。

1. 固定点凝视训练法

（1）找出一张白纸和一支黑色笔。

（2）在纸上由上往下、从大到小画几个圆点。

（3）坐好，深呼吸，使自己变得平静而放松。

（4）凝视最上面那个最大的圆点，尽可能不眨眼。

（5）感觉那个圆点越来越大，慢慢地充满了整个视野。

（6）如果感到自己能保持不眨眼凝视这个圆点很久，目光下移，换一个较小的黑点继续。

2. 烛光凝视训练法

（1）关掉房间内的灯，拉上窗帘，点燃蜡烛。

（2）把蜡烛放在离你一米半远的地方，保持其高度与眼的高度相当。

（3）把注意力放在烛光上，但不要用力看烛光。

（4）看几秒钟后闭上眼睛，感觉两眼之间有烛光的残像存在。

（5）残像消失后，睁开眼睛继续凝视烛光几秒钟后闭眼，如此反复。

注意：关上窗户，以免烛火摇摆不定。蜡烛不用太大或太明亮，以免光线过强引起眼部疲劳。

3. 手遮眼训练法

（1）看看眼前的事物。

（2）略屈手掌，手心中部形成凹陷的空间，遮住双眼。

（3）闭眼，深呼吸，再睁开眼进行深呼吸。

（4）在此过程中，利用手心遮住双眼造成的黑暗，进行景物残像的描绘。

（5）当无法形成任何残像时，拿开手看看眼前的事物后，继续训练。

4. 不确定焦点视觉训练法

（1）双手前平举，竖起双手拇指。

（2）视线焦点在两拇指之间游走，缓慢呼吸，保持身体不动。

（3）暗示自己拇指看不见了。

（4）两个拇指变为四个拇指，或者看上去真的消失了。

（5）反复练习直到拇指看上去真的消失了为止。

第九章

创新方法,让创造力井喷

创造性思维是发明的基础,要想使自己变得更聪明,需要更好地运用创造性思维,其中,通过学习发明创造的技巧和方法是让思维更有创造性的有效途径。这些从发明创造的实践中总结出来的规则、技巧和方法,可以帮助我们克服心理障碍、突破思维定式,激活想象、联想和直觉等非逻辑思维,促成创造性思维的产生,从而提升创造力。

方法一：头脑风暴法

集思广益是当一个人苦思冥想不得其解的时候，大家聚集在一起讨论、相互激励、相互补充，从而引起思维的"共振"。这样有助于打破思维障碍，激发不同凡响的新创意或新方案诞生。

头脑风暴法是指以小组讨论会的形式，群策群力，互相启发，互相激励，使人们的大脑产生连锁反应，以引出更多的创意，获得更多的创造性解决问题的答案。精神病学中形容精神病人不合逻辑的胡思乱想、胡言乱语的状态，叫"头脑风暴"。头脑风暴法是借鉴了这个词，强调思维不受拘束，创意才能破壳而出。

1. 头脑风暴法的特点

美国人奥斯本创立了头脑风暴法。所谓"头脑风暴法"就是充分发挥大家的才智，大家可以自由发言，这样能够集思广益，找到好的方法。谚语"三个臭皮匠，顶个诸葛亮"是对集体智慧的强调。在他人的刺激和启发下，其他的人必然也会产生新的想法，这是非常实用的。

2. 头脑风暴法的基本原则

（1）自由畅想原则：在思考的时候，要充分敞开思维，不能畏手畏脚，要勇于突破各种条条框框的束缚，只有这样才能打开自己的脑袋。除此之外，还要尽力求新、求奇、求异。在思考的时候充分发挥自己的联想和想象，只有这样，才能实现思维的大幅度回转跳跃，最终通过横向思维、逆向思维、发散思维等形式，找到解决问题的办法。

（2）延迟判断原则：在自由畅想的时候，无论同伴提出什么样的问题都不要对其进行评价，即使不同意也不能马上否定。否则，就会限制大家的思维。另外，还要考虑到，所有新问题的提出过程都是不完善的，这需要大家日后多做工作。所以，在大家充分表达完自己的想法之后，统一起来进行讨论。

（3）谋求数量原则：头脑风暴的时间是很短暂的，人们要尽量想出更多的"点子"，以获得更多选择的机会。

（4）综合改善原则：尽量在别人所提设想的基础上加以改进发展，然后提出新设想，或者提出综合改善的思路。因为创造往往就在于综合，在于头脑中已有思想之间、已有设想和新获得的外来信息及设想之间形成新的组合，产生新思路。此外，参与者提出的设想大多未经深思熟虑，很不完善，必须加工整理。并对其综合改善，从而收到事半功倍的效果。

3. 头脑风暴法使用程序及运用案例

头脑风暴法的使用程序如下：

准备：选择主持人。理想的主持人要熟悉头脑风暴法并了解所要解决的问题，能在必要时恰当地启发和引导大家。参加头脑风暴法会议的人数以5~10人为宜，可根据待解决问题的性质确定人员。指定一人负责做会议记录，或主持人自己承担记录工作。此外，还应选择安静的开会地点，做好事先通知。

热身：在开会的时候，为了使大家更为放松，在大家入场的时候可以播放音乐、准备些糖果或倒杯茶水……另外，在正式进入讨论之前，主持人可以通过讲笑话来缓解气氛，这样更容易调动大家的思维。等大家真正进入状态之后，开始提问题。

明确问题：这个环节最主要的角色是主持人。主持人应该首先将所要解决的问题介绍给到会者，先进行简单的讨论，得到一致的意见之后，就要重新叙述问题，对问题进行分析。此时可以把原先的一个问题分成几个问题，在主持人的带动和启发下，可以想出多个解决问题的方法。

自由畅谈：这是头脑风暴法的核心步骤。在这个阶段，大家要冲破各种束缚，尽情地提出自己的想法，通过相互间的启发，提出更多的设想，进而为做出最后的选择做准备。

加工整理：主持人应及时收集大家在会后产生的新设想。因为通过会后的休息，思路往往会有新的转换或发展，又能提出一些有价值的设想。曾有一次会议，与会者在会上提出了百余条设想，第二天又增补了二十余条，其中有4条设想比前一天提出的所有设想都更有实用价值。除此之外，还要对方案进行评价筛选，看其是否具有新颖性、可行性。

形成最佳方案：将被筛选出来的少数方案逐一进行推敲斟酌，发展完善，分析比较，选出最佳方案，或将几个方案的优点进行恰当组合形成最佳方案。

方法二：焦点法

联想是一种科学的、丰富的想象过程，是由一事物的表象、词语或动作想到另一事物的表象、词语或动作。比如，当你见到一个意志坚强的人就会联想到钢铁，而见到一个凶狠的人就会联想到豺狼。联想又分为自由联想和强制联想。自由联想就是不受拘束地随意联想，如由白天想到白云，由白云想到飞机，等等。强制联想是有意识地限制联想的主题和方向。因此,所谓联想法是通过一些技巧,或者激发自由联想,或者产生强制联想去促进问题的解决方法。

1. 什么是焦点法

格莱特的联想是一种自由联想,在发明中经常起作用的是强制联想。强制联想就是把原本毫不相关的东西硬联在一起,其结果,有时很荒唐,有时却很有创意。

焦点法是美国人赫瓦德提出的一种创造技法。焦点法就是将要解决的问题作为焦点,随便选择一个事物做刺激物,通过刺激物和焦点之间的强制联想,获得新设想、新方案的方法。焦点法是一种强制联想法。

正是通过焦点法,台湾小朋友翟梅才发明了下雨自动关窗装置。她发明该装置的思路是:如果窗户能够做到自动关闭,最主要的工具就是弹簧门,也就是有一弹性张紧机构。一般在下雨之前窗户是开着的,需要一个控制机构与弹性张紧机构平衡。这个控制机构如遇下雨就变湿,结果失去控制,让窗户关上。那具体什么东西能做到呢?此时,她联想到卫生纸。所以,她设计出这样一种装置:打开的窗户外侧用一束卫生纸系结,内侧用一束橡皮筋拉紧,这就解决了下雨自动关窗的难题。

2. 焦点法的使用程序及运用案例

焦点法的使用程序是:

(1)确定发明目标A,如要发明帽子;

(2)随意挑选与帽子风马牛不相及的事物B做刺激物,如挑选灯泡;

(3)列举事物B(如灯泡)的一切属性;

(4)以A为焦点,强制性地把B的所有属性与A联系起来产生强制联想。

下面介绍如何利用焦点法发明新式帽子。通过新奇有效的强制联想，就得到了一系列有关帽子的设想：发光帽子、发热帽子、电动帽子、螺旋式帽子、真空帽子……有的可能很荒唐，有的则有一定价值。如果都不令人满意，还可以就其中一种属性，产生进一步联想。

一般看来，自然界中有很多的现象与我们所要寻找的答案没有什么关系，但如果仔细考虑，通过创造性思维将其联系起来，必然会发现新的东西。这或许就是我们解决困难的关键。例如，正因为蜜蜂的蜂房的存在，我们才能想出制造蜂窝状结构的建筑，而我国奥林匹克中心的鸟巢也是如此。

人们不单从随处可见的各式各样的事物那里获得灵感，甚至看上去与问题完全无关的事物也能够为解决问题提供刺激。一片草叶与一把菜刀之间有什么相似性，设计一种新式菜刀能从一片草叶身上得到什么启迪？草叶呈墨绿色，有根须，雨水落在上面就会滚下（不透水），并且还是生长的、活的，等等。草有颜色，或许启发我们设计一把彩色菜刀。草有根须，或许启发我们设计刀架、钩扣或皮带连在菜刀上，使菜刀"植根"于厨房这片沃土，以免丢失或被孩子拿着玩。水珠总是从草叶上滚落这一属性启发我们将刀面抛光镀铬，使之防水防锈。草是活的，或许可以启发我们设计一种可以伸缩或可以折叠的菜刀。要看出草叶与菜刀之间的联系性，必须发挥我们的联想力。一个审慎而又富于创造力的问题解决者，不仅能够硬想出互不相关的事物之间的联系，而且能够硬想出它们之间的新颖的、富于独创性的联系，从而导致问题的创造性解决。

运用强制联想法，必须思路开阔，善于把握事物之间的共同之处和彼此之间的联系，善于调动你记忆中的所有储备。另外，还要善于从毫不相干的事物之间透过现象分析，并找到其中隐藏的相似之处，展开联想。我们在平时要多看、多想、多在脑中储存一些可供联想的事物。有时也许只是一句话、一个故事、一次游戏，就会激发起我们发明创作的灵感。

方法三：图片联想法

看到一张图片，自然产生的联想，叫图片联想。图片联想法就是在解决问题时利用与解决的问题本无关系的图片产生联想，启发思维的方法。图片联想法的特点是不用概念作刺激物进行联想、类比，而是用图片作为刺激物，发挥人的视觉想象力，在图片和需要解决的问题之间产生联想、进行类比，以获得创造性设想。

1. 图片联想法的功能

第一，视觉刺激更直接、生动。

利用视觉形象作刺激物，可以使人比较容易地直接从形象思维进入问题，更符合人类思维的过程。图片上的各个特征都是有特定意义的，在图片的启发下所产生的想法必然是新颖奇特的。

第二，视觉刺激有利于打破概念束缚。

图片给人的视觉刺激是非常丰富的，更有助于人们产生大量的联想。因为用语言概念作刺激物，容易使人受抽象概念的束缚，受旧的暗示作用影响，趋于习惯性的思路。利用视觉形象作刺激物可以更远地离开要介绍的事物概念，通过看图片并理解这些图片，就不再去想那些困扰心头的问题。

按理说，没有感知觉经验的积累，便不能上升到抽象的理性认识。但是，由于人们学习间接经验和知识的机会大大多于直接经验，往往在接受抽象的理性认识之前缺乏丰富的感性认识。所以,一旦需要改进感性认识所直接涉及的事物时,脑子里只有抽象的符号,而直接的经验、生动的形象信息十分匮乏,这就阻碍了发明创造的顺利产生。远离生活和实践,死啃书本,必然培养出左脑发达、右脑萎缩、形象思维不发达的人。大哲学家康德说过,"没有抽象的视觉谓之盲,没有视觉的抽象谓之空。"这种以图片作为刺激物的方法,可以帮助某些人改变旧的思维习惯,弥补空洞、抽象思维的缺陷,以一种全新的途径去解决问题。

2. 图片联想法的使用程序及运用案例

具体的程序如下:

(1)确定要解决的问题,并给小组成员看一张图画;

(2)每个成员都用一两个句子描述其所看到的东西(远离要解决的问题);

(3)小组成员努力把图片中的种种元素或结构与所考虑的问题联系起来,并越来越详细地分析首先获得的印象,即逐步完善自己的设想。

当小组成员不再有设想时,看下一张图片,重复上面的过程。

小组最好在实施这个方法之前,将要解决的问题讨论一下,最后在设想产生后再交换一下好的设想,确定最优方案。

使用图形联想法时,挑选图形很重要,最好是与要解决的问题看起来没什么关系,又具有幽默感的。

例如,用图片联想法解决"如何改善新建住宅小区的集中供热系统的安装,又不降低舒适度"的问题。

暂时远离问题,看一幅画。

刺激物(与问题无联系):一幅大型客机的图。

● 看到客机,我们能产生什么联想呢?

①客机为了航线上的安全,需要有飞行的时间表。

②客机使用绝热、轻型材料。

③设计客机，应用空气动力学原理。

④驾驶客机需要训练有素的专业人员。

⑤特殊基础设施，如机场。

● 回到要解决的问题，根据以上线索，产生强制联想，提出解决小区安装供热系统的新设想：

根据①，制订按每日或每周一循环安装供热系统的程序表。

根据②，使用绝热材料并融入墙面的装潢设计。

根据③，在房屋中，供暖设备的设计要应用热力学原理，以减少热损耗（如对流）。

根据④，配备两套供热装置，一套根据室外气温达到一定温度时提供基本热量，另一套装置按要求使温度提高，如洗澡间的温度。

根据⑤，提高供热设备维修和管理人员的业务素质。

方法四：亲身类比法

亲身类比，又称拟人类比，即把自身与问题的要素等同起来，从而帮助我们得出更富创意的设想。在这个过程中，人们将自己的感情投入到对象身上，把自己变成对象，体验一下作为它会有什么感觉。这是一种新的心理体验，使个人不再按照原来分析要素的方法来考虑问题。

1. 亲身类比法的特点

世界上的事物尽管千差万别，但并非杂乱无章。它们之间存在着某种程度的对应与类似。如果我们能善于在异中求同、同中见异，就可得到创造性的成果。

SCUM在这里指那些一块一块、无以为形、无以名状的泡沫多元聚酯胶。一个人如果变成它，会有什么感觉呢？这个人会觉得：我（SCUM）是残渣、是底层泡沫。外形就像电影《异形》中的外星生物一样，令人厌恶，让人躲避；也像病毒吞噬细胞一般令人恐惧。但如果使用鲜艳的色彩进行装饰，也是非常可爱的。如果把我打扮成毛茸茸的玩具，小朋友一定会喜欢我。

运用亲身类比，最简单的做法是问"假如我是它，我会……"，这是一种移情，又叫拟人化。即把要解决的问题、面对的事物人格化，使无生命的东西有了生命。

例如，平时我们可以充分发挥想象，感受一下自己是什么感觉。看到水杯，我们可以想"如果我是水杯……"；看到一幅画，"如果我是画中的人物……"；看到比赛冠军，"如果我是冠军……"，这都会带给我们解决困难的灵感。

所以，在发明创造过程中，如果我们能故意用自我欺骗的方式，通过拟人化、移情，把自身的性格、情感、感觉与课题对象（或问题因素）等同起来，就是利用了亲身类比。亲身类比使我们看问题的角度变了，感受也就不一样了，从中获取关于对象（或问题因素）的全新的感受和深刻见解，能帮助我们最终产生创造性设想。

拟人类比在我国的典籍中屡见不鲜。《易经》中的"天行健，君子以自强不息"就是一种天人合一、万物一理的拟人类比。文学艺术中的拟人类比更是随处可见，例如，把祖国比作母亲，把美丽的姑娘比作鲜花。科学史上，拟人类比的例子也是不胜枚举。

还有设计机械装置时，常把机械看作是人体的某一部分，进行拟人类比，从而获得意外的收效。如挖土机的设计，就是模仿人的手臂动

作：它向前伸出的主杆，如同人的胳臂可以上下左右自由转动；它的挖土斗，好比人的手掌，可以张开、合起；装土斗边的齿形，好似人的手指，可以插入土中。挖土时，手指插入土中，再合拢、举起，移至卸土处，松开手让泥土落下。这是局部的拟人类比，各种机械手的设计也是如此。整体的拟人类比，就是各种机器人的设计。这种拟人类比还常用于科学管理中，比如把某工厂的厂办比作人脑，把各车间比作人的四肢，把广播室比作嘴巴，把仓库比作内脏等，从而按人体的正常活动管理全厂。这样就能及早发现问题，实现协调有序的管理。

2. 亲身类比法的使用程序及运用案例

亲身类比法的使用程序：

（1）把自己比作要解决的问题（移情），或让无生命的对象变得有生命、有意识（拟人化）。

（2）变换角度后，你就是它，它就是你，激发产生新的感受和看法。

（3）根据上述感受提出新的解决办法。

（4）恢复到原来的状态，评价设想的可行性。

曾有一家工厂要改进原来生产涂料的配方，以便使涂料能更好地黏附在白灰墙的墙面上。但试验了许多配方都不理想，一位技术人员用亲身类比法提出了解决问题的方案。

他想：我是一滴涂料，刚刚被涂到白墙的表面上。我喜欢白灰墙的表面，因为我知道，我只能在这里为自己建造一个临时住所。但我处于恐慌之中，因为我在跌落、跌落……我试图挤到墙里面去，我就要被杀死了！我用我的手去抓一个像样的支撑物，但我在滑落，越来越快！我不能抓到支撑物了……

这样的亲身类比后，他又重新回到了现实的自我状态中，知道了涂料需要有一双有渗透力、能"插"到白灰墙里的"手"，实际是意味着涂料里应有一种溶剂，它能与结合力差的白灰相结合或渗透到其中去，又能使涂料也随着结合渗透进去。

根据上面的思路，这家工厂终于试制出一种渗透性很强的新型涂料。

方法五：感官利用法

发明的思路可以从事物的许多方面切入，其中一个重要的思路就是，从五种感觉入手，改变一个事物。因此，从视觉、听觉、嗅觉、味觉、触觉方面加以改变事物，进行发明的方法，叫感官利用法；而巧妙地运用其他感官的功能去弥补某一感官的不足进行发明的方法叫感官补偿法。

1. 感官利用法

我们通过视觉、听觉、嗅觉、味觉、触觉，产生对一个事物形状、颜色、声音、气味、味道、重量、质感等方面的认识。好比一只苹果，它圆圆的形状，或红或绿的颜色，清香的气味，酸甜的味道，100~200克重，表面光滑如蜡，这些都可以叫作组成苹果的要素。创造性转化方法是指通过对事物要素重组、变更或引入其他因素，使它产生新功能的方法。

人们感知事物需要用自己的感官。在创造性解决问题时，人们也可以充分利用自己的感官，从视觉、听觉、嗅觉、味觉和触觉等感觉的变化中，对原有的事物或产品进行改造，这就是感官利用法。

（1）利用视觉——颜色、形状变一变

人们不仅仅满足于欣赏和利用色彩的一般装饰作用，而且创造性地研究、开发和利用色彩的特殊装饰作用和各种非装饰功能，发明新的事物。例如，交通信号灯的发明就是这样。世界上第一个交通信号灯用的是红色和绿色，红色示意"停止"，绿色示意"通过"。过了半个世纪，直到1918年才创造出今天的红、绿、黄三色信号灯。用红色、绿色和黄色分别代表不同的语言指挥交通，这里色彩的功能就是非装饰性功能。

利用颜色发明创造新事物，一要研究色彩的成因和原理；二要研究光与色的特点和关系；三要研究色彩同各种事物的功能性关系。例如，如何让洗浴多姿多彩起来？最简单的办法莫过于拥有这样一款多彩洗浴喷头了。这款喷头内置了许多不同的LED（发光二极管）彩灯，能够点亮喷头和水流。喷头颜色根据水温的不同而变化。

还可以利用形状发明创造新事物。书本是长方形的，也有形状各异的蝴蝶形的书；传统牙刷是平头的，有企业生产的牙刷是波浪形的，更适合牙齿的生理构造，受到消费者的欢迎。

不少人都有在暴风雨中被吹翻雨伞的狼狈经历。荷兰一家制造商已研制出一款可抵挡十级强风的雨伞，即便大风吹得树倒屋塌，它也"永不反骨"，被科学家形容是终极防风雨伞。防风雨伞的外形就像美军隐形轰炸机，伞篷采用"前短后长"的不对称设计，在保证使用者视线不会受阻的同时，背部也不会被伞面滴下的雨水弄湿。在流线形设计下，防风雨伞伞面经常保持干爽；伞骨由铝制成，十分轻巧。

（2）利用味觉和嗅觉——味道变一变

在人们外出旅行的时候，如果背负太多的行李，就会减少了我们游玩的兴致，所以往往"轻装上阵"。但在游玩的时候，如果想喝酒，就会后悔自己没带。但如果带的话，可能走不到现在。这个问题其实早已经被解决了，那就是酒粉。人们出行的时候可以带一些，如果想喝酒了，只要有水，就可以冲这些酒粉。原理如同即溶咖啡、奶茶。

世界各国的许多发明创造者对香味及其在发明创造中的应用，做了广泛的研究，取得了多方面的成果，创造出许多种飘香溢味的新事物。

任何发明创造都离不开选择，只有经过周密的选择才能决定做什么和怎样做。香味化设计是一种选择性很强的创造方法。设计香味化的新事物必须进行三方面的选择：选择香化对象、选择香味、选择香化技术。

选择的最终结果是香味化对象、香味和香化技术科学地、创造性地融合在一起，成为一件新的香味化事物。香化对象多以生活用品为主，如纽扣、墨水、纸张、风扇、项链、糨糊、跳棋、钟表、服装、火柴等。非物品的香化对象则有医疗和供销，如美国、德国和日本研究的香味疗法，苏联还创建了世界上第一座主要靠四季不断开放的鲜花治病的医院。

船底的藤壶常常影响船的行驶。怎样才能清除它们呢？科学家们想到用杀虫剂清除它们，但杀虫剂有毒，会污染海洋。后来，科学家想出了用辣椒赶走藤壶的主意。他们把一面涂满红辣椒的瓷砖扔进了藤壶最猖獗的码头，结果涂了红辣椒的一面什么也没长，没涂的那面却长了很多藤壶。于是科学家有了一项清除藤壶的新发明——用红辣椒做成船底涂料，并把它命名为"藤壶咒"。

（3）利用触觉、听觉——音乐化构思设计

平时过生日，全家人都要聚在一起，喝点酒，举杯庆祝。为了使生日聚会气氛热烈，改进一下我们常用的水杯怎么样？利用触觉尝试一下。在杯把上装上触摸开关，只要举起杯子，电子音乐就会响起，全家人和着音乐一起唱"生日快乐歌"，这是一件多有趣的事呀！

音乐化构思设计的对象分为两大类：一类是产品，如音乐热水瓶、音乐伞、音乐楼梯、音乐牙刷、音乐花盆、音乐梳子等；另一类是方法，如音乐养殖法、音乐捕鼠法、音乐捕鱼法等。

音乐化构思设计，可从五个方面创新。

①以各种事物做载体，提供悦耳动听的歌声乐曲，使人心情舒畅。例如，以手套做音乐的载体，在手套的手背部夹层中设置一个超薄型印刷电路板，其中包括发音片、水银电池、振荡集成电路等，手套各手指部均设有矽胶或塑胶碳膜开关。戴上这种手套，用手指按压实物就会发出乐声，而且具有不同音阶，可随时在物体上敲奏出各种旋律。

②通过音乐代替某种信号或配合别的信号，传递某种消息或特定的指令。例如，钟表报时、广告宣传、压力升降、传递暗语、接近临界线、超过额定负荷等，都可利用某种特定音乐声告诉人们。像美国的可口可乐广告瓶，瓶盖一打开，瓶中就传出阵阵悠扬动听的音乐，可口可乐的形象使你难以忘怀。

③利用音乐的多种奇异功能为人类服务。例如，国外在20世纪50年代就利用音乐治病。

④借助音乐调节人的心理，以达到预期目的。例如我国古代就把乐曲当作攻心战术使用，"四面楚歌"这一成语典故就是一个范例。

⑤将噪声改变成乐音。例如使机器发出的杂乱刺耳的噪声变成易于被人们接受的乐音；使一串鞭炮爆响变成一曲音乐等。

2. 感官补偿法

人的五种感官对人都非常重要。假若其中有一种感官的功能有缺陷，就需要其他感官去补偿。利用其他感官来完成某一感官力所不及的任务，就叫作感官补偿。而创造性地运用感官补偿解决实际问题，或者进行发明和设计的方法，叫作感官补偿法。

（1）替代式的感官补偿

如果客观形象地说，人体其实是一部机器，它非常完美。感觉器官是其主要的部件。人体上的感觉器官非常多，如眼、耳、鼻、舌、手……人通过它们可以摄取、存储和处理信息。不同的感觉器官有不同的功能，但又反应灵活、配合默契。

或许作为健全人的我们无法理解残疾人的感受。但很多人却通过自己的努力发明出各种装置，希望残疾人生活得跟健全人一样。如聋哑人电话、盲人手杖、盲人阅读机、人造假肢……之所以会有如此多的发明，是因为很多人站在残疾人的立场上来思考问题，想象着如果自己是残疾人想怎样，就激发了自己的想象和创造力。

香港理工大学的研究人员发明了一种可以给盲人指路的鞋子。这种鞋子内置智能装置，会发出和接收超声波，通过回声定位探测近距离的障碍物，然后发出震动信号向穿过它们的盲人报警。障碍物越靠近，鞋子的震动便越强。鞋中还使用GPS（全球定位系统）装置，可以告诉盲人身处何处及行进方向，这个发明就是脚对眼的一种补偿。

（2）增强式的感官补偿法

虽然我们大多数人的感官是正常的，但在认识世界的过程中却不是万能的。例如，人没有老鹰视觉清，没有蝙蝠听力好，没有狗的嗅觉灵，没有豹子跑得快，等等。但是人类所发明的望远镜、显微镜、辨声仪、汽车等却使我们的感官得以补偿，使人真正成为万物之灵。

因此对正常感官进行补偿，也是一个大有潜力的创造领域。如锤、铲、锄等生产工具，船、车、飞机等交通工具，电话、电视、电脑等信息传播工具都是对正常人感官功能进行补偿的发明创造。

许多时候我们会感觉到自己的感官"不够用"，因为如果某一种感官正在从事某项工作，就无法"离开岗位"去做其他的事。这时只好求助于其他感官帮忙或想办法找某件物品来代替。在这些"不够用"的情况下，往往会激发出人们创造的火花。"挂钩式水龙头"的发明就是一例。有人发现用两边有耳的锅到水龙头前接水，往往一只手端锅，一只手关水龙头，端锅的那只手就很吃力。如果用粗铅丝做一个挂钩，挂在水龙头的"脖子"上，就可以把一个锅耳挂上去，腾出了一只手去关

水龙头。"挂钩式水龙头"就这样诞生了。

感官的"不够用",还体现在其功能的局限上。有时觉得手不够长、眼睛不够亮、鼻子不够灵等,想办法补偿其功能就是一个发明题材。有位学生家里种了一些丝瓜,而且长势很好,只是丝瓜藤爬得高高的,不容易采摘。怎样让采摘丝瓜的手"变"长呢?他找来一根长竹竿、一只网兜和一把大剪刀,再加上螺栓、绳子、弹簧等东西,制成了"瓜果采摘器"。这么长的"手"还愁摘不到丝瓜吗?还有些时候,某一种感官并没有做事情,但它想"偷懒"而不爱"上班"。行,那就发明一个代它"工作"的"替身"吧!

(3)假想感官补偿法

假想感官补偿法是假想在某个感官不能使用的情况下,而发明出新事物以替代原有感官的思考方法。使用这种办法主要并不只是为残疾人设计物品,而是为正常人服务,其目的是用简便的方式来提高效率,解决人们生活、工作中的困难。例如,假想一个人的手残疾了,或手上捧着许多书不能空出手,那怎么关门、锁门呢?假想感官补偿法多用来分析人在操作过程中,感觉器官(包括四肢)可能会受到哪些限制,从而设计一些自动控制的新产品来代替人的某个感官或动作。所谓假设某个器官"残疾了",只不过把这种限制推到了极端状态。

补偿法在设计领域的应用不仅限于具体功能和结构的实践上,还表现在对设计理念的创新探索中。著名意大利设计师伊亚维克里夫妇在1984年设计的"行走办公室",就是应用了补偿法设计创意的可"戴"在身上的袖珍办公室,体现了现代办公的新概念,这在当时可谓是极具超前意识的作品。夫妇俩获得了1985年《每日新闻》工业设计国际大奖。

我们能否在这方面有所发现,有所创造,关键在于我们是否能真正为伤残者所遇到的麻烦和紧迫需要考虑。

假想感官补偿法的实施步骤:

第一步，假装残疾，体验伤残的滋味。

第二步，把注意力放到感官伤残后遇到的种种麻烦上。

第三步，利用难度体验，考虑补偿办法，摆脱所遇到的麻烦。

例如，护士手托托盘往污桶里扔东西，污桶会污染到手，致使正在手术的患者受到感染，怎么办？

第一步，根据假想感官补偿法，因为这两只手都在忙着（托托盘），假想它们不存在，使自己的感官暂时"伤残"。让人把手捆上，坚持一段时间体验一下这种难受的滋味。对残疾人来说，由于感官伤残伴随多年已经适应，往往没太大的感觉，但对于正常人却不是一件容易忍耐的事。

第二步，没有手，人们往往想到利用脚来补偿。

第三步，设计出了脚踩式开盖垃圾桶——脚踩开关即可使桶盖打开，既卫生又方便。

由此可见，假想感官补偿法不仅可以为残疾人发明可补偿感官的工具，同时也可为正常人发明一些需要的东西。

方法六：移植法

初唐时期著名的医学家孙思邈，从年轻的时候就是一名为了治病的医生，他精通医道。在他给人看病的时候遇到了一个难题：一个患者撒不出尿，膀胱快胀破了，非常痛苦。看到这种情况，孙思邈想："尿流不出来，可能是管排尿的口子失去了作用。如果想办法用根管子插进

尿道，尿也许能排出来。"虽然想着容易，但做起来是非常困难的，因为尿道很细，找到这种既软又细的管子是非常难的。他也被这个问题弄得困惑不解。这时，他看到一个小孩儿正在拿着一根烤热的葱管吹着玩，葱管非常细。他受到启发，就找来一根细葱管，把尖的一头切掉，将其插进患者的尿道里，再用力一吹，不一会儿，尿就顺着葱管流了出来。这就是世界上第一个导尿管，而孙思邈也成了发明导尿术的人，为后人铭记。

从思维角度看，移植是一种创造性思维方法。它通过相似联想、相似类比，从表面上看来仿佛是毫不相关的两个事物或现象之间，发现它们的联系。

"移植"一词原意是指植物的嫁接种植方法，移植法是一种应用广泛的创造技法。通览人类的发明创造成果，有不少地方是这种技法应用的结果。以前人们在购买了火腿肠后，几乎都是用牙齿撕开外包装进食，既不卫生也不方便。后来人们在火腿肠的外包装上采用的易拉起封条，就是引用了香烟的包装，十分方便卫生。

英国剑桥大学教授贝弗里奇说："移植是科学发展的一种主要方法。大多数的发现都可应用于所在领域以外的领域，而应用于新领域时，往往有助于促成进一步的发现。重大的科学成果往往来自移植。"

1. 移植的特点及原理

法国近代微生物学奠基人巴斯德曾花费了大量的时间和心血研究证明：酒变酸和肉汤变质的原因，都是由于细菌作怪，经过高温处理的瓶子里的酒或肉汤，只要与外界严密隔离，就不会变味变质。

当英国外科医生李斯特看到巴斯德的这一实验报告后，他想，如果说细菌破坏了酒味和使肉汤变质，那么细菌不也是手术后患者伤口化脓溃烂的原因吗？于是，李斯特把巴斯德的理论和经验移植到医疗领域里，发明了外科手术消毒法，拯救了千百万患者的生命。

这个发明实例揭示的道理，正是创造性思考的关键所在：不同领域的知识和方法有时可以相互借鉴，即移植。它不是按常规的做法，而是主动把注意力转向其他领域，使用其他领域的原理、技术、方案来解决问题。

采用移植法，首先要分析问题的关键所在，即搞清创造目的与创造手段之间的不协调、不适应问题；然后借助联想、类比手段，找到被移植的对象，确定移植的具体形式和内容，并通过实验研究和设计活动实现发明创造。

2. 移植的类型

（1）原理移植：科学原理具有普遍性，我们可以将某一事物原理移植到可以使用这一原理的许多事物上，从而创造出新的产品。江西省抚州市临川区河东中学初二女学生范碧海发明的拔棉秆器就是运用了移植法中的原理移植。范碧海家在农村，家里有责任田，每当收完棉花后，她都要跟父母到田里去拔棉秆。粗壮的棉秆她拔不起来，还常把手磨破。于是她很想做一个工具，来代替繁重的徒手劳动。但是，她想来想去，总不知如何下手。后来她参加了县里举办的小发明培训班，教师讲的移植发明技法对她启发很大。她想，要是将钉锤撬钉的原理移植过来准行，因为带羊角的钉锤能撬起钉在木头里的钉子，类似的拔棉秆器也一定能拔起地里的棉秆。在老师的指导下，通过一段时间的努力，她终于完成了这项发明。拔棉秆器外形类似羊角钉锤，作用原理类似钉锤拔钉子的杠杆作用。它由叉口、弯头、加强筋、手柄及支点铁杆脚等构成，拔棉秆时，将羊角叉口插入棉秆根部，把手柄往下压，棉秆立即被轻松拔起。

（2）结构移植：把某个产品的结构不经实质性的改进，移植到自己的产品上，叫结构移植。最早发明拉链的是发明家贾德森，起初是作为鞋的紧固件而设计的，由于它的独特性而获得了专利。拉链具有便于开合的功能，经过一百多年的发展，拉链技术已广泛应用于生产和生活

的各个角落，如衣、裤、裙、帽、睡袋、笔袋、公文包、枕套、沙发垫、钱包和笔记本等。医生将其移植到医疗手术中，发明了"皮肤拉链缝合术"；食品工程师将拉链技术用于食品工业中，发明了"拉链式食品保鲜技术"。

（3）功能移植：将某领域所具有的独特功能，以某种形式移植到本领域，可导致该技术功能应用领域的扩展，并实现新的创造。例如将激光技术移植到工业加工部门，研制出了激光打孔机；移植到精密测量技术部门，发明了激光定向仪、激光测厚仪、激光全息照相术等。又如，日本一家公司将妇女烫发用的电吹风，经过改型设计，用于烘干被褥，结果发明了一种被褥烘干机。

应用移植法，关键要注意两点：一是打破传统的思维定式；二是要善于打破专业的界限。

方法七：外推法

当本领域取得一项发明，或得到一种巧妙的方法后，将它推广应用到其他领域，或者是寻找它在新领域中的新用途，这就是外推法。外推与移植的方向正好相反，前者是把创意外推到其他领域，后者是把创意引入到本领域。

很早以前，科学家就发现蝙蝠是用超声波定位来确定方位的，在飞行过程中，蝙蝠的喉内能产生一种超声波，通过嘴或鼻孔发射出来。遇到物体时，超声波便被反射回来，由蝙蝠的耳朵接收，从而可以判定目标和距离。若是食物便捕捉，是障碍物便躲开。超声波的频率在2万赫兹以上，是人耳听不到的高频率的声音。人们把这种根据回声探测目标的方法，称为"回声定位"。

根据这个原理，人们发明了超声波声呐系统。这套系统最早用在军事上，声呐能使潜艇在较深的水下发现水面和水下目标。它是利用声波在水中的传播来探测目标的，使用比较广泛。探测出目标后，潜艇就可发射鱼雷或导弹对目标进行攻击。

超声波声呐系统还能用在哪里呢？科学家们想到这个系统还可用在民用生产中，特别是在渔业生产。捕鱼船的声呐系统发出的超声波，遇到鱼群便反射回来，由水声换能器接收，变成电信号。再经收发转换装置送到接收机放大，最后送到显示器显示出目标的方向和距离，就能定位鱼的位置了。

后来，人们又发明了超声波捕鱼机。它的工作原理是：利用超声波将鱼、鳖等水中冷血动物击昏，使其快速大面积浮出水面（过5分钟后苏醒），然后捕大留小。它对人及其他热血动物绝对安全。

1. 外推的原理

从思维角度看，外推也是一种创造性思维方法。这一点与移植是一致的，只不过思维方向正好相反。移植是从别人那里借鉴，外推是把自己的好想法向别的领域推广。

具体分析二者的不同之处在于：一是移植是先有问题后有答案（办法），外推是先有办法（答案）后找问题；二是移植是在没掌握方法之前积极去"寻找"和"引用"，外推是在有了方法（发现）后积极去"推出"和"输出"。而对于不同的发明主体而言，二者的区别是没有什么实际意义的。

2. 外推的类型

外推遵循的也是移植法的原理。因此，移植的主要方法（途径）也适用于外推，包括：

（1）原理外推：如人们将微波炉的工作原理外推到筑路领域，研制成微波筑路机加热沥青，取得了很好的效果。

（2）结构外推：人们平时在吃橙子的时候通常是用刀切成四块来吃，但在这个过程中，会有很多橙汁流出来，浪费掉了，非常可惜。但如果自己扒皮吃又非常的不方便。此时有人就根据这个问题发明了鸽子形切刀。既能容易去皮，又不会伤及果肉。人们使用起来非常方便，受到了人们的喜爱。

（3）功能外推：在河水流动的过程中，在流入海洋的时候会夹杂着很多的有机物，但这些有机物并不污染海洋。这是为什么呢？原来海洋中生长着能消化有机物质的净化细菌，有机物经它的消化后变成水和二氧化碳。根据这个原理，环保专家把这个功能移植到废水处理装置中，也就是通过引进净化细菌并让它大量繁殖，然后使水去污变清，方便高效。现在人们使用的活性污泥处理法就是这个原理。

3. 外推法的使用步骤

外推法的使用步骤，有以下三步：

第一步，详细观察一个事物并把握它，主要是把握其基本原理和适用范围；

第二步，找出这一事物中最独特、最新奇的特点；

第三步，考虑这些特点还可以应用于哪些领域。

西方人以面包作为主食，它的特点是松软可口。它不同于其他固体主食的特点是在烤面包前掺进了发泡剂，使面包发泡松软。以前这种发泡剂只限于制作食品使用。美国的固特异先生自问："在橡胶制品上可否应用这一特性呢？"于是他将发泡剂掺入到橡胶中，橡胶蓬松得像面包一样，由此制成的橡胶海绵，刚一上市，马上被抢购一空。

发泡橡胶产品上市时，在产品所附的说明书上，列举了它有如下特性：弹性两倍于海绵，质轻；耐酸耐碱，经久耐用；隔音、隔热；各个气泡互相隔离，不透水。日本的A先生是做拖鞋的，他反复琢磨这些特性，想用于改进自己的产品。最后认定"各个气泡互相隔离，不透水"这一特性，对于做拖鞋底十分有用，立刻把这项发明申请了实用新型专利。其申请范围为"鞋底以隔离气泡的发泡海绵制成的拖鞋结构。"果然这种拖鞋异常畅销，三家橡胶厂合购了他的专利。

德国的PVC制造者把发泡剂用到塑料上，制成更便宜、更美观的泡沫塑料。

某食品厂想得更巧妙：用一边吹入细小气泡一边搅拌的方法生产冰激凌，松软可口，这就是广泛被人们喜爱的Soft Cream（雪糕冰激凌）。

某肥皂厂商将发泡剂加入肥皂水中，吹成一大堆肥皂泡沫，制成泡沫香皂远销东南亚，深受当地人的欢迎。因为那里的人习惯于在河里洗澡，普通肥皂很容易沉入水中丢失，而这种"泡沫香皂"却可以漂在水面上。

日本的铃木信一博士将发泡技术用于水泥中，获得气泡混凝土的专利。这是一种内含气泡，质轻坚固，绝热隔音，用途广泛的建筑材料。地下铁路、播音室的墙壁都用它建成。后来又有人将气泡吹进码头，制成轻体码头；吹进玻璃，制成气泡玻璃，用做冰箱或液化气体的隔热容器材料。

方法八：5W2H法

三百多年前，法国医生、物理学家丹尼斯·巴本因为主张改革而遭到迫害，只好逃到国外。巴本背着土豆翻山越岭，肚子饿了，就架火煮土豆。他发现在高山上煮土豆，尽管水已烧得滚开，但土豆还是不熟。他就想，"为什么在平地水开了能煮熟土豆，在高山上却不行呢？"恰恰是问这个"为什么"，使他想到水的沸点和大气压强的关系。"如果用人工方法加大气压，水的沸点不就升高了吗？"他做了一个密封容器在不断加热的情况下，里面气体的压强越来越大，水一直到超过100℃才开锅，而土豆则被煮成烂泥。这样，巴本造出了世界上第一个压力锅——巴本锅。

巴本的提问是发现问题的先导。因此善于提问是创造者的一个重要品质。

提问通常涉及的是"是什么？""为什么？""什么时候？""什么地方？"等，因此，专门通过提问促进发明的方法被总结概括为"5W2H法"。

5W2H法是美国陆军首创的提问方法。5W2H是将七种提问的英文单词的第一个字母缩写而成。通过为什么（Why）、做什么（What）、何人（Who）、何时（When）、何地（Where）、如何（How）、多少（How much）七个方面的提问，从而形成创造和创新方案。

1. 5W2H法的特点及使用程序

问题时刻伴随着人类社会的发展，而善于发现或提出问题对于解决问题尤为重要。可以说，提出一个有价值的问题，就意味着问题解决了一半。我们可以通过充分发挥人的想象力来提出问题。大家熟悉的大作家柯南·道尔，其笔下的大侦探福尔摩斯料事如神，还有阿加莎·克里斯蒂塑造的大侦探波洛，他那神奇的破案能力也令我们深感佩服。但这些人都有一个共同点，即他们最终破案都须搞清几个问题：作案对象（What）、作案时间（When）、作案地点（Where）、作案动机（Why），如何作案即作案过程（How to），以及与上述几个因素都有联系的作案者（Who）。这种思考问题的方式，是确定一个事件的发生过程的最常见、最基本的方式，我们同样也可以从这些角度去看待一个发明过程，寻求解决问题的办法。

在运用5W2H法时，首先要确定发明、创新对象，然后从应用程序的5W和2H，即七个方面设问。

Why可以问：

为什么要改进、创新？

原事物为什么要用这个原理？

为什么必须具备这些功能？

为什么要这样的结构和造型？

为什么这样制造？

……

What可以问：

创新的目标是什么？

创新的重点是什么？

创新的条件是什么？

创新要达到的技术目标是什么？

……

Who可以问：

谁来创新？

谁能胜任该项任务？

该项任务要与谁打交道？

……

When可以问：

何时进行最合适？

何时完成最切时宜？

何时产量最高？

……

Where可以问：

原事物什么部位要改进、创新？

何处生产较经济？

从何处买？

何地有资源？

……

How可以问：

怎样做最有利？

怎样做最快？

怎样改进？怎样得到？

怎样使产品更加美观大方？

怎样使产品使用起来最方便？

……

How much可以问：

进行创新需要多少人、财、物的投入？

成本、利润是多少？

效率有多高？

尺寸是多少？

重量是多少？

……

将发现的疑问列出。最后讨论分析，寻找改进措施。

以上七个方面问题在发明创造过程中，是互相联系、相辅相成的，使用时需全面考虑，逐一进行讨论。如果现行的做法经过七个方面问题的审核已无懈可击，便可以认为这一做法或产品可取，如果七个方面问题中有哪一个方面答复不能令人满意，则表示这方面还需要进行改进。如果哪方面的答复有独特的优点，则表明思路有一定创造性。

2. 5W2H法运用案例

5W2H法提问的几个角度，基本囊括了任何事物和过程的所有方面。因此，这一方法原则上可用于任何领域的任何问题。只要针对事物性质灵活具体地赋予这几方面适当的内容，就可以抓住事物存在的根本方面和制约条件来分析问题，往往会一下子找到出现问题的根本原因。有些事物的缺点并非一眼就可以看出来，借助缺点列举法可以找到缺陷，但有的缺陷即使找到了，其产生的原因却相当复杂。若能进一步使用5W2H法就可以抓住缺陷和问题背后隐藏的原因，就能使解决问题的范围得以确定，有助于问题的解决。

方法九：替代法

在澳大利亚各地的水荒声中，新南威尔士大学今年刚毕业的一名华裔学生设计的无水洗衣机，将可能对节约用水做出一定贡献。2007年获新南威尔士大学工业设计一级荣誉学位的黄承义，在该校求学时发明了用阳光来代替水的洗衣机，不用水，也不用洗衣粉。

黄承义是从一次在悉尼晒太阳时得来的灵感，想到用阳光的紫外线C来洗衣服。紫外线C可以氧化很多种类的有机物质。根据他的设计，利用家居内的光线便可产生强力的氧化剂——自由基氧，将污垢分解为二氧化碳和水。样机特别由瑞典电器公司的模拟专家制造，并在悉尼动力博物馆的澳大利亚设计奖展览中展出。

替代法是在省略的基础上进行的成分、材料、形式、结构的替

代或动作的易主，是创造性思维的转化方法之一。替代是通过用其他的材料、成分、结构和功能来代替原有的部分，以寻求创新的方法。在发明创造中，省略和替代这两种方法，有时分开使用，有时又如孪生兄弟，相伴出现。省略是替代的前提。适当的省略，恰当的替代，往往就可以产生崭新的事物、新颖的功能。木材是人类较早使用的材料，主要用于如梁、柱、椽、门窗、桌椅、木船、木桥等。钢材发明以后，迅速用于钢筋、钢轨、钢桥、汽车、船舶、武器、机械等。而塑料发明以后，又被普遍用在日用品、管道、装潢材料、汽车附件、农用薄膜、包装材料、轻型建材等方面。可见省略替代法在现实生产、生活中被普遍运用。

最常见的是材料的替代和技术的替代，它可使事物的材质、功能不断进步。替代法较广泛地应用于新产品的研制和新材料的开发中。例如，有人已成功研制出以纳米技术增强塑料和纳米结构超强钢板替代传统金属材料的技术，这将使汽车重量大大减轻，从而节省燃油。人类发明的第一代电视机是电子管电视机，后被第二代的晶体管电视机取代，如今又出现了清晰度高、色彩还原度好、显像清晰的集成电路电视机。

1. 替代法的原理

用一种成分代替另一种成分、用一种材料代替另一种材料、用一种方法代替另一种方法的创造，是从事发明创造的人经常思考的。寻找替代物的过程也就成了解决问题的过程，这是发明创造的思路之一。例如，制造塑料往往用石油做原料。有人考虑到淀粉是天然高分子化合物，其化学结构与聚乙烯等合成的高分子化合物的结构很相似，天然淀粉便成了代替石油制造塑料的好原料。

物质材料的性能千差万别。为了解决某个问题，有时需在不同性能的物质材料之间进行替代；有时又需要在相同性能的物质材料之间进行替代。怎样使不同的物质材料具有相同的或者相近的性能，就成了实现替代的技术关键。如做面包用面粉，能不能用木薯、玉米和高粱代替面粉呢？这的确是个难题，难就难在做面包所需要的面筋，只有麦子才有足够的含量。联合国粮食组织的技术员萨丁，经过长期大量的试验，终于发现，只要把木薯粉或其他谷类如高粱、玉米粉在清水里煮沸，便能得到一种有黏性的物质，这种物质便可以取代面筋用来做面包。不用面粉也能做面包，这的确是一项重大突破，一些国家的人可以不用进口麦类便可以吃到面包了。

当今社会，各行各业的竞争日益激烈。我们必须勇于创新，敢于用新事物取代旧事物、新材料取代旧材料、新方法取代旧方法，才能在竞争中取胜。只有大力推行新技术、新材料、新工艺、新方法、新手段等，社会才能快速发展。

2. 替代法的使用步骤及运用案例

替代法的使用步骤：

第一步，确定被代替的事物；

第二步，全面找出被代替事物的各种缺陷；

第三步，分析缺陷是什么原因造成的。如果被代替物的缺陷从结构设计上和制造方法上都不好解决或者根本就不能解决时，就考虑用别的材料来替代它；

第四步，分析如何才能找到替代的方法。

例如，设法改进一件家家户户必备的生活用品。

第一步，确定被代替物——切菜板；

第二步，以往的切菜板大都是木质的，缺点是沉重、易磨损、常掉屑、不结实、难洗刷等；

第三步，以上这些缺点的根本原因是由于切菜板是木质的，因此这些缺点难以克服；

第四步，用一种新的材料替代木材。这种新材料就是聚乙烯。近年来，这种强度高、韧性好、耐腐蚀、重量轻、洁白、无毒无味、易

清洗且使用中不打滑、不起毛、不裂纹的新的切菜板，已经被广泛使用了。

方法十：省略法

"嚓"，我们常常划了根火柴，火柴梗燃不到1／2就扔了，这多可惜！广西的钱峰同学建议：把火柴梗的长度缩短1／3～1／2，再配一支能插进火柴梗的套管。用的时候，把火柴梗插进套管。这样，既节约了木材，又增大了火柴盒的容量。他的着眼点就在于缩短与省略。

我们知道，世界上第一台电脑有一间房子那么大，重30吨。后来，科学家使用集成元件，使电脑的体积不断缩小，一直缩到电视机大小，而且功能也增强了，从而使电脑迅速普及到千家万户。现在，又相继出现了笔记本电脑、掌上电脑、可穿戴式电脑。电脑越来越精致、小巧的发展变化过程，就是逐步缩小体积、省略部分元器件的结果。生活中我们也经常使用一些袖珍物品，如随身听、袖珍电筒、折叠雨伞、液晶电视等，它们都是通过省略技法研制出来的。

省略就是通过尽可能地省去一些材料、成分、结构和功能等，来诱发创造性设想的方法。如眼镜片变得越来越薄、眼镜越来越小巧，一直到发明隐形眼镜。一封信函通常由信纸、信封和邮票组成，通过省略，就有了简易的明信片或其他简易信封。数码相机省略掉胶卷，免去了经常换冲胶卷的麻烦。气球爆竹用五彩气球取代各种鞭炮，省去了火药，避免了噪声、空气污染和火灾隐患。无线电话省略电话线，再将电话小型化，可将其随身携带。无线话筒省略电源线，讲话或唱歌非常方便。

山西省大同市九中的关雁龙看到，传统日历普遍呈长方形，样子不新颖，又浪费了纸张。他从众多图形中选择了三角形，因为它具有外观形状显得最大、能节约近50％的纸张、易于加工等突出特点。于是，他将日历芯和日历挂牌均设计成三角形，发明了"三角形日历"。全国只要有1／10的日历按三角形设计生产，每天就可节约百万元。这项发明在第五届全国青少年发明创造比赛中获二等奖，并申请了专利。

1. 省略法的原理

发明创造应遵循事物的基本构成规律。事物都有其成分和形式，成分是构成事物的物质或因素，形式则是各个构成物的形状、形态以及相互间的搭配和排列。不同的成分与不同的形式，不同的成分与相同的形式，相同的成分与不同的形式，构成了形态各异的事物，这就是事物的基本构成规律。

发明创造所要解决的核心问题就是用什么成分、以什么形式构成何种事物。我们把构成某一事物的每个成分及其形式叫作组成事物的环节。每个环节都有各自的功能。事物的环节越多，其构成就越复杂。一台机器有成千上万的螺栓、铆钉、卡环、开口销、键、焊缝等，这台机器的连接环节就是由这些不同的成分与形式构成的。同样，服装的连接环节由线、纽扣、拉链、尼龙搭扣等成分与相应的形式构成；楼梯、电梯是建筑物上下层之间的连接环节；公路、铁路、航线是城镇之间的连接环节。连接环节仅仅是组成某一事物的环节之一。

事物由各种不同的环节组成，因而可以通过改变已有事物的环节进行发明创造。例如，从有跟丝袜到无跟丝袜，减少了一个结构环节；把手表壳和表带整体化，省去了手表和表带之间的连接环节；用冲压加工代替车、铣、钻加工，从而把三道加工环节合并成了一道加工环节。

2. 省略法的使用步骤及运用案例

省略法的使用一般可分为四步：

第一步，认真剖析事物的各个环节；

第二步，寻找落后的环节、功能衰退的环节、意义或作用不大的环节和可有可无的环节；

第三步，把有待于解决的问题同每个环节联系起来思考；

第四步，确定哪个环节或哪些环节可以取消或省略。

以现有的活动梯子为例，活动梯子很笨重，可用省略法发明一种新式活动梯子。

第一步，分析梯子的结构：通常的活动梯子都由梯柱和梯级构成；

第二步，寻找笨重的环节：梯子主要是笨重在梯级上；

第三步，思考如果要减去梯级行不行；

第四步，确定减去所有的梯级，代之以一个巧妙的踏板机构，主体只留一根铝柱。使用者只要用脚连续踩动两个踏板，便会升到所需高度，并可在任意位置固定。

由于省略了许多梯级，这种没有梯级的梯子结构简单、重量轻，拆卸、携带都很方便。

在日常生活中，并不是所有的物品都可以缩小、省略，这需要我们在创新的时候既要考虑节省、方便，又要注意某部件在整体中的特殊功能和实用价值，只有这样，才能发明出更加方便人类的进步物品。

方法十一：组合法

发明创造可分为两大类型，即原理突破型和组合型。原理突破型发明是由于发现了新规律、探索出新技术而做出的发明，其突破在于找到了以科学原理物化为技术原理的方法而做出的发明。如内燃机代替蒸汽机，电力代替蒸汽动力，晶体管代替真空管等均属于此列；组合型发明是利用已有的成熟技术，通过适当的组合而成的。如"CT扫描仪"的发明，是通过把X射线照相装置同电子计算机结合在一起实现的。这两项技术本身都是成熟的技术，并无什么原理上的突破，但组合为一体后，其特殊功能是原来两项单独技术所没有的。

日本创造学家高桥浩认为："发明创造的根本原则归根结底不过一条，那就是将信息进行分割和重新组合"。爱因斯坦对组合原理说得更为深刻，"组合作用似乎是创造性思维的本质特征"，可见组合法的重要性。

组合法有多种类型。按组合因素不同，可分为技术手段的组合、原理组合、现象组合、材料组合等；按组合方式不同，可分为成对组合、内插式组合、辐射组合、系统组合等；按组合要素性质不同，可分为同类组合、异类组合等。这里仅介绍同类组合与异类组合这两种。

1. 同类组合

"鸡尾酒"是一种混合酒，它是把几种酒掺和在一起调制而成的。在美国独立战争期间,有一家酒馆既卖酒也开旅馆,生意非常好。有一天,接近打烊的时候,一群军官想要喝酒,但是酒又没有多少了,于是酒店的女侍者贝特西·弗拉纳根把所有卖剩下的酒全部倒在了一个容器中,然后从一只大公鸡的尾巴上拔了一根毛,搅动了一下。然后就放在小杯里,给军官们端上去了。当时,军官们看着从来没有见过的酒色和没有闻过的酒味,问服务员这是什么酒,贝特西随口回答:"这是鸡尾酒哇!"在场的军官听到这个词都叫好。"鸡尾酒"由此产生。

鸡尾酒是同类组合的典型例子。不同颜色、不同比重、不同口味的酒,按照一定的方式组合在一起,使之成为形态、味道各异的新品种。

(1)同类组合创造的原理。

同类组合指两种或两种以上相同或相近事物的组合,其特点是参与组合的对象与组合前相比,其基本性质和结构没有根本变化,只是通过数量的变化来弥补功能上的不足或得到新的功能。最简单的同类组合,如子母灯、双拉链、双插座等。

组合家具也是同类组合的产物。通过对各种家具进行结构上的改进与联系,使组合家具既利于组合又便于拆卸,使用率和有效性大大超过了传统家具。梅花墩,体积玲珑、颜色靓丽、灵活多变,可以将小凳组合形成梅花造型的休闲沙发,还可以将它们变化角度旋转拼凑,形成漂亮的风车。

(2)同类组合的使用步骤。

同类组合使用步骤:

第一步,思考同类组合的效果。

任何事物都可以自组,但自组后的效果很不一样。在运用同类组合时主要追求的是量变引起的质变。

第二步,解决同类组合的结构问题。

同类组合过程中,参加组合的对象同组合前相比,其工作原理和基本结构没有什么变化。因此,同类组合在连接上是比较容易的。但是对于某些创造性较强的同物自组(如三轴电风扇),可能在结构设计时还会碰到技术难题。这时,同类组合能否成功就取决于创造者解决技术问题的能力。

2. 异类组合

美国园艺师思德曼在培育西瓜新品种时,联想到醇香美味的酒,就做起了培育酒味西瓜的试验。他先在西瓜藤的切口上接一根灯芯,再用黏膏固封,最后将灯芯的另一端浸在酒里,酒味飘香的西瓜就这样培育出来了。

(1)异类组合创造的原理。

异类组合是指两个或以上不同领域中的技术思想或不同功能的物质产品的组合,组合的结果带有不同的技术特点和技术风格。异类组合实际上是异中求同、异中求新,由于其组合元素来自不同领域,一般无主、次之分。参与对象能从意义、原理、构造、成分、功能等任何一个方面或多个方面进行互相渗透,从而使整体发生深刻变化,产生新的思想或新的产品。

美国加州有一个制造小汤匙的青年,为了方便喂婴儿的母亲,推出了装有温度计的小汤匙——"温度匙",深受好评。其成本不过3美元左右,零售价则高达10美元,销路却非常好。

抗乙肝西红柿导入了转基因疫苗,人如果每周生吃1~2个,每年吃2~3个月,就能达到去医院注射乙肝疫苗的效果。

日本建筑大师安藤忠雄把西欧的"墙面空间"与日本的"地板型空间"这两种空间概念加以融合,设计的建筑既具有单纯的几何形状和稳固的场所性格,又同时保持了日本传统建筑与自然融合的特性和地板型的生活方式。后现代建筑所采用的"拼贴设计方法"是从历史和传统中选取典型的建筑母体,发展、变化、错位、移接后重新组合形成的。

这种设计方法的特点是不被历史和传统的设计原则、构图原理和衔接方式所束缚，使建筑既具有历史的连续性，又具有时代特征，是在新环境、新条件下对传统要素的巧妙利用。

（2）异类组合的使用步骤。

异类组合的使用步骤：

第一步，确定一个基础组合元素；

第二步，根据发明创造的目的，进行联想和思维扩散，确定其他组合元素；

第三步，把组合元素的各个部分、各个方面以及各种要素综合起来加以考虑。